하늘로 이어진 핫라인

하늘로 이어진 핫라인

프랜시스 헌터 지음 / 이혜림 옮김

서로사랑

하늘로 이어진 핫라인

1판1쇄 발행 2015년 2월 9일

지은이 프랜시스 헌터
옮긴이 이혜림
펴낸이 이상준
펴낸곳 서로사랑(알파코리아 출판 사역기관)
만든이 이정자, 윤종화, 주민순, 장완철
　　　　 이소연, 박미선, 엄지일
이메일 publication@alphakorea.org

등록번호 제21-657-1
등록일자 1994년 10월 31일
주소 서울시 서초구 방배1동 918-3 완원빌딩 5층
전화 02-586-9211~3
팩스 02-586-9215
홈페이지 www.alphakorea.org

"저는 성경에 기록된 것을 믿을 뿐입니다."라고 프랜시스 헌터는 밝힌다. "성경은 나사렛 예수의 이름으로 구하면 그대로 된다고 말한다. 나는 진심으로 그리스도가 이 시대에 2천 년 전에 행하신 기적만큼 지금도 수많은 기적을 행하신다고 믿는다..."

"하나님의 능력은 터럭만큼도 줄어들지 않았다. 지금도 믿는 자들을 위해 언제든 그 능력이 역사한다!"

「하늘로 이어진 핫라인」은 하나님의 말씀이 참됨을 입증하는 사실의 기록이자 믿음의 간증이다. "너희가 기도할 때에 무엇이든지 믿고 구하는 것은 다 받으리라"(마 21:22)

차례

1장

믿음으로 기도하라

Hotline To Heaven

"너희가 기도할 때에 무엇이든지 믿고 구하는 것은 다 받으리
라"(마태복음 21:22)

"하나님은 당신의 가장 바보 같은 기도에 응답하십니다.
믿음이 있을 때 가장 바보 같은 기도를 하기 때문입니다!"

홍분을 감추지 못하며 하나님이 어떻게 내 기도에 다시 한
번 응답하셨는지 전했을 때 우리 목사님이 내게 하신 말씀이
다. 그런데 알고 있는가? 그 말이 맞다. 나는 하나님께 크리스
천 간의 사랑의 줄이 더욱 단단해지도록 마이애미에서 오하이

오 콜럼버스까지 맛있는 휘핑크림 체리 파이를 보내달라고 기도했더랬다. 하나님도 휘핑크림이 금세 녹는다는 점을 잘 알고 계셨다. 그래서 대형 이스턴 항공 비행기를 동원해 휘핑크림이 녹기도 전에 내게 신속하게 배달해주셨다.

지금까지 살아오면서 나는 하나님이 **믿기만** 하면 정말 내 기도에 응답하신다는 진리를 확실히 깨달았다. 그래서 기도에 관해서만큼은 미친 사람으로 보일 법하게 행동한다. 성경에는 기도에 관한 약속이 수백 가지가 넘게 있다. 그런데도 왜 우리는 이 약속을 취하지 못하는지 이해가 안 된다.

하나님은 우리가 먼저 하나님의 나라와 그의 의를 구하면 모든 것을 우리에게 주신다고 약속하셨다. 하나님이 우리에게 주시려는 것을 어떻게 받을 수 있을까? 하나님을 구하면 된다. 그렇다면 어떻게 하나님을 구할 수 있을까?

답은 바로 기도다.

많은 사람들이 이런 말을 한다. "하나님은 절대로 내 기도에 응답하지 않으세요. 그래서 기도를 그만 뒀어요." 그렇게 말하는 사람들의 믿음은 얼마나 큰지 궁금하다.

나는 종종 주일 성경공부 참석자들에게 주중에 어떤 기도 응답을 받았는지 나눠달라고 청한다. 그런데 그렇게 청할 때마다 견고한 벽에 부딪히는 느낌이다. 기도응답을 받았다고 말하는 사람이 아무도 없다. 그러면 나는 애써 에둘러 말하지 않고 이번 주에 한 번도 기도를 안 해서 그렇다고 얘기한다. 기도를 했다면 전부는 아니라도 분명 기도 응답이 있었을 테니 말이다. 내 말이 믿기지 않는다면 직접 기도해보라.

솔직히 자문해보라.
나는 **정말로** 기도하는가?
나는 정말 하나님이 기도에 응답하신다고 믿는가?
나는 정말 믿음으로 기도하는가?

내 신앙생활 초기의 경험을 한 가지 나누고자 한다. 이 경험이 내게 강렬한 인상을 남겼고 이후 내가 말씀과 간증을 전한 수많은 교회에서 빠짐없이 그 경험을 나눴다.

그 경험을 들은 수많은 이들이 자신의 기도생활에 내 간증이 지대한 영향을 끼쳤다고 고백했기 때문에 지면을 통해 당신과도 그 경험을 나누고 싶다.

지금 바로 이 책에서 지시하는 대로 따라 해주기 바란다. 직접 해봐야 효과가 있다. 다른 사람이 보는 앞이라 민망하다면 화장실로 가서 욕조에 들어가거나 (나는 기도하는 법을 욕조에서 터득했다) 다용도실에 들어가거나 방으로 들어가 문을 잠그라. 어디든 남의 시선을 의식하지 않고 작은 실험을 해볼 수 있는 곳으로 들어가라. 어디로 가든 이 책의 지시 사항을 따를 수 있도록 책을 들고 가라.

1. 상징적으로 손을 하나님을 향해 뻗으라.

2. 팔을 쭉 펴고 최대한 높이 손끝을 뻗으라. 그러면 그 손은 당신의 몸에서 최대한 멀리 떨어지게 된다.

3. 손을 뒤집어 손바닥이 위를 향하게 하라.

4. 손바닥이 위로 향한 상태로 하나님께 마음속의 기도제
   목을 내어드리라. (큰 기도제목이라면 두 손 다 필요할 수도 있
   다. 두 손을 나란히 붙이고 최대한 팔을 뻗으라.) 다음이 기도
   에서 가장 중요한 시간이다. 그 손을 어떻게 하겠는가?
   둘 중 하나를 택할 수 있다. 손을 움켜쥐고 기도의 짐을
   당신의 마음에 다시 지우던가, 다음 단계로 넘어가던가.

5. 손바닥을 다시 뒤집어 손 안에 아무 것도 남지 않도록
   하라. 무언가를 쥐기 위해 주먹을 쥐지 말고 손가락을
   최대한 넓게 펴라.

6. 팔을 내리라.

이렇게 하면 아무 것도 다시 가져오지 못한다. 이것이 기
도의 유일한 방법이다. 하지만 일반적으로 사람들은 하나님
께 기도하고 무언가를 해주시기를 구하고는 그 기도의 짐을
다시 끌어와 자신의 마음에 지워버린다. 그러고는 자기 힘으
로 자기 기도에 응답하려 안간힘을 쓴다.
하나님은 말씀하신다.

"너희가 기도하면 무엇이든 다 받으리라. 단 믿으면."

기도의 짐을 다시 당신의 마음에 끌어다 놓을 때 당신의 믿음의 분량은 얼마 만큼일까? 문제를 도로 가져가 자기 힘으로 어떻게 해보려고 할 때 당신의 믿음의 크기는 얼마 만큼일까? 하나님께 내어드리라. 하나님께 기도제목을 잠깐 빌려드리지 말고 하나님께 그냥 다 내어드리고 무슨 일이 일어나는지 지켜보라!

하나님께 무언가를 완전히 내어드리는 경험은 이루 말할 수 없이 짜릿해서 하나님이 응답하실 때 이런 고백이 나온다. "주님, 주님을 완전히 신뢰했기에 주님께 구했다는 사실조차 잊고 있었습니다!"

실상은 믿음이 거의 없는 데도 말로는 큰 믿음의 소유자인 듯 기도하는 사람들의 모습을 보고 있자면 숨이 턱턱 막혀온다. 자신이 사는 지역의 모든 사람들, 도시의 모든 사람들, 나라의 모든 사람들을 위해, 심지어 전 세계 모든 사람들을 위해 기도하는 이들도 있다! 그런데 그렇게 기도하면서 자신의 기도가 응답되리라는 생각은 1분도 하지 않는다. 전 세계 모든 사람들을 위해 기도하는 게 가능이나 한 얘기인가? 그들의 필요가 무엇인지도 알지 못하면서 말이다. 하나님은 분명 온 세상 한 사람 한 사람의 필요를 아신다. 하지만 자신이 무슨 말을 하고 있는지도 모르면서 왜 기도하는가? 전 세계를 위한 일반적인 기도보다 옆 집 사람의 쑤신 가운데 발가락을 위한 기도가 나을지도 모른다는 생각이 든 적은 없는가?

사람들에게 깊은 인상을 남기는 유려한 미사여구로 장식되어 있지만 정작 기도는 하나님과의 대화라는 사실은 전혀 생각하지 않는 기도를 좋아하고 있지는 않은가? 마태복음 6장 5절은 기록한다. "또 너희는 기도할 때에 외식하는 자와 같이 하지 말라 그들은 사람에게 보이려고 회당과 큰 거리 어귀에 서서 기도하기를 좋아하느니라"

마태복음 6장 7절에서 예수님은 다시 한 번 말씀하신다. "또 기도할 때에 이방인과 같이 중언부언하지 말라 그들은 말을 많이 하여야 들으실 줄 생각하느니라"

확신컨대 하나님은 우리가 어떻게 단어를 엮어내는지 신

경 쓰지 않으신다. 하나님은 우리 마음 상태만을 중히 여기신다. 뒤에 가서 내가 들어본 기도 중 가장 소박하면서도 아름다운 기도를 알려주겠다. 다이너마이트 같은, 신실한 기도였다!

하나님이 즐거워하지 않으시는 또 한 가지는 "영적 겁쟁이"다. 기도를 할 때 모든 문장을 "주님의 뜻이거든"으로 시작하는 기도다. 이런 기도에 대해 내 나름의 이론을 세워봤다. 나는 신학자도 아니고 신학을 공부한 적도 없다.

하나님에게서 더 이상 도망치지 않겠다고 결심했을 때, 나는 마침내 어린아이와 같은 믿음으로 그리스도께 나아갔다. 그런데 그것으로 충분하다. 당신의 생각은 나와 다를 수도 있지만, 나는 그렇게 믿는다.

내가 크리스천이 된 날, 그리스도께 나를 통해 그분의 생명이 나타나기를 구했다. 그리스도의 크고 강한 사랑이 잃어버리고 죽어가는 이 세상에 닿을 수 있도록 그 사랑이 흐르는 통로가 되게 해주시기만을 구했다. 주님이 바라시는 존재가 되지 못하도록 방해하는 내 "자아"를 모두 제하여주시기를 기도하고 구했다.

내가 성경을 믿는 사람이라면, 계시록 3장 20절의 "볼지어다 내가 문 밖에 서서 두드리노니 누구든지 내 음성을 듣고 문을 열면 내가 그에게로 들어가" 라는 말씀을 믿는 사람이라면, 나는 그리스도가 나를 통해 살아계심을 내 글과 내 말과 내 실제 삶을 통해 믿어야한다.

하나님의 말씀에 분명히 그렇게 기록되어 있기에 나는 이것이 사실임을 분명히 안다. 나는 또한 갈라디아서 2장 20절에 기록된 위대한 사도 바울의 고백 위에 굳게 선다.

"내가 그리스도와 함께 십자가에 못 박혔나니 그런즉 이제는 내가 사는 것이 아니요 오직 내 안에 그리스도께서 사시는 것이라 이제 내가 육체 가운데 사는 것은 나를 사랑하사 나를 위하여 자기 자신을 버리신 하나님의 아들을 믿는 믿음 안에서 사는 것이라"

그러므로 진심으로 그리스도가 내 삶에 들어오시기를 진심으로 구했다면, 나는 그리스도와 함께 십자가에 못 박혔다. 더 이상 내가 사는 것이 아니요, 내 안에 그리스도께서 사시는 것이다. 이 진리를 진심으로 믿기 때문에 나는 참된 크리스천이라면 하나님의 뜻을 벗어나서 기도할 수 없다고 생각한다. 그리스도가 자신의 뜻에 반하는 기도를 하실까? 아니다. 절대 그렇게 하지 않으신다. 그리스도가 당신 존재의 정중앙에 자리하고 계시다면 어떻게 하나님의 뜻에서 벗어난 기도가 가능하겠는가?

하나님은 항상 우리가 바라는 만큼 신속하게 우리 기도에 응답하지는 않으신다. 하지만 기도와 믿음 가운데 내 삶을 굳게 세울 때, 세상에서 가장 흥미진진한 삶이 펼쳐졌다.

지금 당장 당신의 개인 기도생활을 면밀히 점검하라. 당신에게 한 가지 묻겠다. 내 질문이 언뜻 대수롭지 않게 들릴지 모르지만 당신의 마음과 생각을 구석구석 살피며 내 질문에 답해보라.

당신은 정말로 기도하는가?
당신의 기도는 양심의 짐을 덜기 위한 판에 박힌 말에 불과한가?

아니면 진심으로 정직하게 당신의 삶을 하나님 앞에 내려놓는 기도인가?

매일 얼마나 많은 시간을 기도에 들이는가? 저녁식사 전에 짧게 복을 빌거나, 일용할 양식을 주셔서 감사하다고 몇 마디 하고 있는지 모르지만 하루 중에 실제로 **기도하기** 위해 따로 떼어 온전히 기도에 들이는 시간이 얼마나 되는가?

일상의 문제가 당신에게 닥칠 때, 그 문제를 자기 힘으로 해결하려 하는가 아니면 문제가 밀려오는 와중에도 시간을 구분해 짧게라도 하나님께 진심을 담은 기도를 드리는가?

진심으로 기도하고 기도응답을 경험하고 싶다면, 지금 이 순간 실질적인 자기 점검을 하라.

누군가에 대해, 무언가에 대해 마음의 부담을 느껴서 기도하는가?

하나님의 일에 대한 부담이 당신 마음에 있기 때문에 기도하는가?

아니면 상황이 급박해지기 시작하면 그 때에야 비로소 기도하는가?

크리스천이 되기 전에도 나는 하나님이 기도에 응답하신다는 사실을 알았다. 하지만 그게 전부였다. 곤경에 빠지게 되면 "오, 하나님, 제발 저를 위해 이렇게 해주세요."라고 울부짖었다. 그러고는 또 다른 어려움이 닥쳐와 정말로 누군가의 도움이 절실해지기 전까지 기도할 생각조차 하지 않았다. 이것이 내 기도생활의 엄연한 현실이었다. 정말 솔직하게 당신에게 고백하는 것이다. 크리스천으로 성장하기 위해서는 자기 자신에게 솔직해져야 한다.

이 시간 자문해보라.

나는 곤경에 빠졌을 때만 기도하는가?

나의 기도는 내가 항상 읊조리는 문구의 조합에 불과하지는 않은가?

나는 진심으로 나의 형제자매를 염려하는가?

아니면 수없이 읊어서 이제는 아무런 의미도 담기지 않은 허탄한 독백을 하고 있는가?

지금까지 수없이 여행을 하면서 특별히 시간을 더 많이 보낸 지역, 가정들이 있다. 그런데 내가 듣는 기도는 어디서나 대동소이하다. "주님 우리 가정을 이렇게 축복하시니 감사합니다." 그렇게 기도하지만 막상 어떤 복을 받았는지는 한 마디도 하지 않는다.

한 번은 단도직입적으로 물었다. "하나님이 이 가정에 주신 복이라는 게 무슨 의미인지 말씀해보세요." 그러자 이런 대답이 돌아왔다. "아, 예, 그냥 하나님의 복이죠. 그걸 딱히 말로 표현하지는 못하겠네요."

못하겠다고? 온갖 것들을 다 말로 표현하면서 왜 하나님께는 말로 표현하지 못하는가? 그 이유를 아는가? 자신이 무슨 말을 하고 있는지 모르기 때문이다. 하나님께 구체적인 복을 구하며 기도해본 적이 없기 때문이다. 그러니 어떻게 하나님이 행하신 일을 나눌 수 있겠는가?

내가 듣고 싶은 기도는 추수감사절에 할 법한 기도다.
"주님, 어제 기름이 완전히 바닥났을 때 기름 다섯 통을 실은 차를 보내주셔서 얼마나 감사한지 모릅니다. 주님은 우리에게 주님이 필요할 때 언제나 그곳에 계시죠. 예배에 제 시간에 가야한다는 것을 다 아시고 꼭 필요한 시각에 그 사람을 보내주셔서 정말 감사합니다!"

이 기도를 한 사람은 구체적으로 구했고 하나님이 그 구체적인 기도에 응답하셨다.

이제 하나님이 내 삶 가운데 어떻게 기도에 응답하셨는지 함께 살펴보면서 짜릿한 기도의 여행을 떠나보자. 하나님이 왜 기도에 응답하시는지도 함께 살펴보자.

제2장

큰 기도를 하라

Hotline To Heaven

"이 산더러 들려 바다에 던져지라 하여도 될 것이요"(마태복음 21:21)

내 삶은 기도응답으로 넘쳐난다. 그래서 제한된 시간, 제한된 공간에서 어떤 응답을 나눠야할지 항상 고민이 된다. 하지만 그 중에서도 가장 짜릿하고 가장 강력했던 응답을 나누고자 한다.

내가 어떻게 크리스천이 되었는지 이미 들은 사람이라면, 내가 자동차 사고로 망막이 박리되어 한쪽 눈의 시력을 상실

했고 이후 백내장까지 생겼다는 사실을 알 것이다. 안과의사
는 1년 내에 반대쪽 눈의 시력을 완전히 상실하게 될 수 있다
고 진단했다. 2차 수술이 얼마 남지 않았을 때, 수술 이후 몇
개월간 완전히 앞을 보지 못할 수도 있다는 말을 들었다. 그
기간 동안 나는 이전보다 훨씬 신나고 짜릿하게 그리스도를
발견했다.

양쪽 눈이 다 보이지 않아 침대에 누워 지내야만 하는 그
기간 동안 설교 테이프나 성서 강연, 신약 성경을 듣기로 했
다. 콘택트렌즈와 안경을 함께 착용해 다시 앞을 보게 될 때
를 기다리며 신약 성경을 통째로 외워보겠다는 야심찬 꿈도
꿨다.

주님이 내 삶에서 이 문제를 어떻게 다루셨는지를 이 장에
서 함께 나누고자 한다. 당시 나는 어떤 일이 일어났는지 상
세히 기록한 편지를 목사님께 보냈다. 그 편지를 쓰고 나서 3
년이 지났지만 지금 다시 그 때의 상황을 복기하는 것보다 그
편지를 그대로 싣는 편이 더 정확할 듯하다. 내 마음의 고백
을 그대로 옮겨놓은 편지를 이 책에 인용하고자 한다. 내가

왜 직접 이야기하지 않고 편지를 썼는지도 확인할 수 있다. 다만 편지의 정확한 이해를 돕기 위해 필요한 몇 가지만 첨언했다.

1966년 6월 6일(새벽 2시였기 때문에 사실은 6월 7일이었다)

존경하는 슬라글 목사님께

지금 막 목사님 설교 인쇄판 작업을 마무리했습니다. "누룩이다"라는 제목으로 내일 교회 주보에 실리겠지요. 제가 그 설교를 들은 날 밤(1966년 5월 15일) 어떤 일이 일어났는지 정확하게 이 편지에 기록해보고자 합니다.

2월에 오른쪽 눈에 문제가 생겨서 안과에 갔던 때를 기억하시죠. 그 자리에서 저는 사망선고나 다름없는 진단을 받았습니다. 왼쪽 눈의 시력을 잃게 되리라는 진단이었습니다. 첫 번째 수술이 성공적이었지만 제게는 참으로 고통스런 시간이었습니다. 똑같은 과정을 또 다시 거친다고 생각하니 조금도 달갑지 않았습니다. 게다가 아예 아무 것도 보지 못하는 기간이 최소 두 달은 된다는 말까지 들었습니다.

병원에서 집으로 차를 몰고 오면서 하나님께 눈을 고쳐달라고 구해야 할지, 이 상황을 하나님께 온전히 맡기고 하나님의 뜻이 무엇이든 그 뜻에 따라야 할지 갈등했습니다. 집에 도착할 무렵, 이 문제 자체를 하나님께 맡기고 나를 위한 간구를 하지 않기로 결심했어요(사실 살짝 속임수가 있긴 했죠. 눈이 안 보이면 "GO" 프로그램 사역에 큰 차질이 생길 거라고 하나님께 다시금 말씀드렸거든요). 집에 와서 목사님께 입원 기간과 집에서 요양하는 기간에 들을 테이프를 부탁드렸죠.

한 주 한 주 흐르면서 제 시력은 더욱 약화됐습니다. 낮 시간에도 선명하게 보이지 않고 밤에는 전혀 보지를 못하니 조만간 운전도 힘들어질 것 같다고 목사님께 말씀드렸죠. 5월 15일 경, 제 상태는 신경쇠

약 수준이었습니다. 어느 쪽 눈으로도 초점을 맞출 수가 없어서 그날 아침 교회로 운전해 가면서 얼마나 애를 먹었는지 모릅니다. 그날 아침 교회에서 교재도 읽을 수 없었고 찬양집 가사도 보이지 않았습니다. 목사님께서 제가 외우고 있던 찬양을 부르셔서 얼마나 다행이다 싶었는지요.

그날 밤 어떻게 교회에 갔을까 지금도 의아합니다. 눈이 정말 안 보였거든요. 이런 문제들을 가지고 교회에 가서 하나님께 기도할 수 있도록, 안전하게 교회에 도착하게 해달라고 간구했습니다.

그날 목사님께서 "누룩이다"라는 제목으로 설교를 하셨죠. 마치 목사님 말씀 한 마디, 한 마디가 망치가 되어 제 머리를 정통으로 내리치시는 것 같은 충격이었습니다. 목사님이 설교를 마치시기 한참 전에 저는 이미 강대상 앞으로 나가 하나님께 내 눈을 치유해달라고 기도하리라고 결심했습니다. 그저 하나님께 맡기고 기다리는 대신 하나님께 부디 제 눈을 어루만져주시기를 구하고 싶었습니다.

그리고 목사님이 강대상 앞으로 나오라고 초청하셨죠. 제가 강대상을 향해 첫걸음을 뗐을 때 제니스가 그리스도를 구세주로 영접하게 위해 서둘러 앞으로 나갔습니다. 저는 제니스의 가장 영광스런 순간을 방해하고 싶지 않아 뒤로 물러났습니다. 목사님이 다시 강대상 앞으로 나오라고 말씀하실 때를 기다렸죠.

그리고 목사님이 다시 앞으로 나오라고 하셨을 때, 첫걸음을 떼자마자 뒤에서 부스럭거리는 소리가 났습니다. 누군가 초청에 응했다는 의미였죠. 다시 뒤로 물러나보니 에스더가 결단을 하고 앞으로 나섰습니다. 역시 방해하고 싶지 않은 마음에 다시 자리에 앉아 세 번째 초청을 기다렸습니다.

하지만 목사님은 그 날 밤 더 이상 강대상 앞으로 나오라고 말씀하지 않으셨어요. 이렇게 예배가 끝난다고 생각하니 덜컥 겁이 났습니다. 어찌해야 할지 당황한 채 저는 마지막 찬양 후렴구를 부르면서 두 눈을 감았습니다.

"사랑하는 하나님, 제가 얼마나 기도를 못하는지 잘 아시죠. 그러니 제가 어떻게 기도하는지는 듣지 말아주세요. 하지만 사랑하는 하나님, 제가 오늘 밤 강대상 앞으로 나가기를 바라지 않으시는 것 같으니 부디, 제발, 손을 뻗어 제 눈을 고쳐주세요."

하나님께 이처럼 긴박한 순간에 찬양, 경배, 간구 등등 기도의 바른 순서를 기억할 수 없다는 점도 말씀드렸습니다.

하나님이 그런 순간에 제가 얼마나 멍해질 수 있는지 이미 아시겠지만, 내 머리는 백지처럼 하얗더라도 내 마음을 전부 아시기를 바란다고 고백했습니다.

그날 밤 집에 어떻게 돌아왔는지 모르겠습니다. 조안(우리 딸)이 옆에서 방향을 알려줬지만, 제가 어디 있는지조차 알 수 없었고 차에 함께 탄 사람들이 어찌될까 정말 걱정이 됐습니다. 하지만 그날 밤 제가 목사님께 전화를 드렸던 것 기억나세요? 서니랜

드에 다다를 무렵 내 눈에 손도 대지 않은 상태였는
데도 그 며칠 간 느꼈던 것보다 더 잘 보였다고 말이
에요.

그 주 내내 저는 하나님께 동일한 기도를 계속하
기를 원하시는지 아니면 그런 기도가 믿음이 부족하
다는 증거인지 계속 물었습니다. 한 번으로 족한지
아니면 거듭 같은 기도를 해야 하는지 궁금했습니
다. 정말 어떻게 해야 할지 몰라서 하나님이 내게 답
을 주시리라는 믿음으로 성경을 샅샅이 읽었습니다.
그 주 동안 하나님의 손길이 가깝게 느껴진 때가 두
번 있었습니다. 하지만 내 눈을 만지신다고 느낄 만
큼은 아니었어요.

5월 21일 토요일 아침 (지금 이 글을 쓰면서 1년 전 바
로 그날 다른 쪽 눈을 수술했다는 사실을 깨달았다) 매주 하
는 대로 미용실에 갔습니다. 드라이를 하는 동안 읽
으려고 〈리빙 레터스(the Living Letters)〉도 가져갔죠.

그날 아침의 〈리빙 레터스〉의 첫 말씀은 에베소서 6장 18절이었습니다. 바로 떠오르지 않으실 것 같아서 제가 적겠습니다. "모든 기도와 간구를 하되 항상 성령 안에서 기도하고 이를 위하여 깨어 구하기를 항상 힘쓰며."

저는 책을 덮고 미용실 의자에 앉아 제가 하나님께 간구하며 제 필요를 다시 알려드리기를 원하시는지 물었습니다. 그리고는 진심으로 제 눈을 치유해주시기를 간구했습니다. 그날 아침처럼 간절히 간구하고 열정적으로 기도했던 적은 아마 없었을 겁니다. 그리고 8시 30분에서 8시 45분 사이에, 하나님의 손이 내려와 제 눈을 어루만지시는 모습을 보았습니다. 제가 어떻게 그 모습을 볼 수 있었는지 지금도 모르겠습니다. 그 때 저는 눈을 감고 있었지만 눈을 뜨기 전에 눈을 뜨지 않아도 무슨 일이 일어났는지 알 수 있었습니다. 그래서 눈을 뜨기 전에 "하나님, 감사합니다."라고 고백했습니다.

목사님께서 저를 위해 기도하셨는지 궁금했습니다. 얼른 가서 목사님께 무슨 일이 일어났는지 말씀드리고 싶었습니다. 목사님의 설교를 통해 하나님께 간구하는 데 필요한 마음이 제 안에 일어났으니까요.

저는 무슨 일이 일어났는지 압니다. 하지만 왜 그런 일이 일어났는지는 모르겠습니다. 하지만 제가 누구라고 하나님께 캐묻겠습니까? 정말 놀라운 점은 하나님께서 누가 하나님께 간구하고 있는지 정확히 아시고, 제가 어느 미용실에 앉아 있는지 정확히 아시고, 어느 미용사에게 드라이를 받고 있는지 아셨다는 겁니다. 잠자리에 들기 전 기도하며 바라보는 수많은 별들을 밤하늘에 달아두신 바로 그 하나님께서 온 우주를 돌보시는 중요한 일을 하시던 중에 저를 향한 하나님의 사랑을 보여주시기 위해 시간을 내셨다는 겁니다.

하나님의 존재를 감히 누가 의심하겠습니까? 어찌 사람들이 그의 아들을 마음에 모시고 싶지 않겠습니까?

이렇게 편지에 모두 쓰고 나니 마음이 한결 가볍습니다. 감사의 마음 외에 그 무엇도 더하지 않고 제가 느낀 바를 그대로 전합니다.

프랜시스 올림

한 사역자가 내게 한 말을 결코 잊지 못할 것 같다.

"설마 하나님의 치유 같은 걸 믿지는 않으시죠?"

나는 이렇게 답했다. "저는 성경에 기록된 것을 믿을 뿐입니다."

성경은 나사렛 예수의 이름으로 구하면 그대로 된다고 말한다. 나는 진심으로 그리스도가 이 시대에 2천 년 전에 행하신 기적만큼 수많은 기적을 지금도 행하신다고 믿는다. 어쩌면 우리가 2천 년 전 사람들보다 기적에 대해 이야기하기를 꺼리고 기적을 구하기를 꺼리는 것이 문제의 원인이 아닐까. 하나님의 능력은 터럭만큼도 줄어들지 않았다. 지금도 믿는 자들을 위해 언제든 그 능력이 역사한다!

내가 이 장에서 언급한 설교가 어떤 내용인지 궁금하다면 내게 충격으로 다가온 말씀은 이랬다.

"받지 못하는 것은 구하지 않았기 때문입니다. 작은 것을 구했기 때문에 작은 것을 받은 겁니다. 큰 것을 원하시면 하나님께 큰 것을 구하십시오. 하나님이 산을 옮겨주시기를 바란다면 하나님께 산을 옮겨달라고 구하십시오."

하나님의 영이 이 몇 마디를 통해 내게 말씀하셨고 그로 인해 나는 "큰" 기도를 하는 법을 배웠다.

제3장

기도를 청하라

Hotline To Heaven

"예수께서 한 곳에서 기도하시고 마치시매 제자 중 하나가 여짜오되 주여 요한이 자기 제자들에게 기도를 가르친 것 같이 우리에게도 가르쳐 주옵소서" (누가복음 11:1)

나는 「대화식 기도 - 기도: 하나님과의 대화」 (생명의 말씀사 역간)라는 책을 통해 내게 큰 감동과 영감을 준 로자린드 링커에게 진심으로 감사한다. 이 책을 통해 내 기도생활에 혁명이 일어났다. 사실, 내 기도생활은 이 책을 통해 시작됐다.

나는 기도란 내가 이해하지 못하는 정형화된 단어의 집합이라고 생각했다(많은 이들의 기도를 들으면서 내린 결론이다). 또 기도에는 셰익스피어 고전에 나오는 표현들이 많이 들어가야 한다고 생각했다. 그래서 더 움츠러들었다. 나는 그런 표현들을 잘 쓰지 않고 그게 무슨 뜻인지도 모른다. 대신 나는 새신자라면 누구나 읽어야 할 로자린드 링커의 책을 읽었다. 이 책은 기도를 정말 쉽게 만들어준다.

여기서 내가 말하는 기도는 하나님뿐 아니라 당신과 함께 기도하는 사람들도 들을 수 있는 "큰 소리로" 하는 기도다.

주님은 내게 영혼에 대한 마음의 부담을 주시는 대신 크리스천으로서 살아가는 길을 여러 면에서 평탄하게 해주셨다. 또 신앙생활을 시작하면서부터 하나님은 나를 영혼을 얻는 자로 사용하셨고 그로 인해 참된 복을 내리셨다. 하지만 이로 인해 문제가 발생할 수 있다. 물론 보는 시각에 따라 그로 인해 답을 찾게 된다고 볼 수도 있다.

대부분의 사람들은 자신의 영적 "부모"가 되는 사람을 신앙생활의 조언과 도움을 받을 대상으로 바라본다. 그러다보니 내가 미처 깨닫지 못하는 사이에 내게 온갖 종류의 기도요청이 쏟아졌고 그러다보니 기도하는 법을 배울 "수밖에" 없는 상황에 놓였다.

내가 어떻게 크리스천이 됐는지 당신이 이미 알고 있다면 굳이 설명할 필요 없겠지만, 나는 기도하는 법을 배우기 위해 수많은 시간을 욕조에서 보냈다. (지금도 욕조가 안팎을 깨끗하게 하기에 더없이 좋은 장소라고 생각한다!) 주님이 나를 흥미진진한 상황에 수없이 두셨기 때문에 크리스천이 된 이후로 여러 이유에서 기도하는 법을 배워야만 했다. 여기서는 내가 다른 이들에게 많이 알려주는 기도의 방법을 나누고자 한다.

우선, 기도의 종류는 수없이 많다. 온 교회가 참여하는 강단에서 하는 기도가 있고 교회나 개인의 삶의 특별한 필요를 위해 기도하는 기도 그룹의 기도가 있다. 하지만 기도하는 법을 배우는 가장 쉬운 방법은 그저 하나님께 이야기하는 것이다. 내가 이 소박한 방법을 통해 어떻게 다른 이들이 흥미진진한 기도생활을 시작하도록 도왔는지 알려주겠다.

웨스트버지니아에 갔을 때, 신앙생활 상태가 내가 이전에 만났던 이들과는 사뭇 다른 부부를 만났다. 남편은 크리스천이 된 지 꽤 오래됐지만 부인은 몇 달 전에야 예수님을 영접한 상태였다. 그 부부를 만나자마자 그리스도의 사랑에서 비롯된 하나 됨을 느꼈다. 두 사람과 대화를 나눈 지 채 10분도 되지 않아 부인이 이렇게 말했다. "기도하는 법을 배우고 싶어요!" 그러자 하나님이 내게 기도하는 법을 부인에게 가르치라는 마음의 부담을 주셨다.

부인은 내가 웨스트버지니아에 머무는 동안 강연 장소까지 교통편을 제공하겠다고 제안했고 나는 그 기회를 활용해 기도에 대한 내 생각과 기도의 필요성, 기도의 특권, 기도의 능력, 내 안에 꺼지지 않는 기도에 대한 열망을 나누었다.

하나님의 것에 대해 마르지 않는 갈망을 지닌 새신자들을 볼 때마다 흥분을 금할 수 없다. 하지만 동시에 많은 이들이 기도 때문에 주저하고 비틀거리는 모습을 보게 된다. 그 부인이 나를 데려다줄 때마다 기도가 대화의 주제가 됐다.

그러던 어느 날 운전을 하는 중에 내 옆구리를 쿡쿡 찌르시는 손길을 느꼈다. 그래서 부인에게 말했다. "엘로이즈, 성경에 '깨어 기도하라'고 했어요. 지금 당신이 깨어 자유로를 달리는 차들을 보고 있는 이 시간 "주님, 감사해요"라고 말씀하세요. 다 하기 힘들면 "감사해요!"라고만 하세요. 그렇게도 못하겠으면 "감사!"라고만 하세요."

잠시 침묵이 흐르더니 부인이 말했다.

"네, 할게요."

부인이 말하기를 기다렸는데 아무 말이 없었다. 그래서 다시 말했다.

"좋아요, 해봅시다!"

다시 침묵이 흘렀다(쥐 죽은 듯한 침묵의 시간이 얼마나 길게 느껴지는지 아는가?). 그리고 부인이 물었다.

"지금 당장이요?"

"네, 부인. 지금 당장이요!"

다시 침묵이 흘렀다.

"강사님이 차 안에 계신데도요?"

"네, 제가 있어도요."

나는 부인에게 "큰 소리로" 하는 기도 중에 가장 어려운 기도는 귀에 들리는 소리로 하는 첫 기도라고 설명했다. 처음으로 입을 떼는 것이 무엇보다 힘들기 때문이다. "차에는 우리

둘 뿐이에요. 누가 보고 혼잣말을 하는 미친 사람이라고 생각할까봐 걱정되신다면, 저도 함께 있으니까 저한테 얘기하는 거라고 생각할 거예요."

똑같은 얘기를 반복하며 얼마나 더 갔는지 모르겠지만 갑자기 부인이 얼굴에 홍조를 띠더니 벅찬 목소리로 이렇게 말했다.

"주님, 감사합니다!"

계속 속으로 기도하고 있던 나는 활짝 웃으며 기도했다. "하나님, 들으셨어요? 부인이 정말 큰 소리로 기도했어요!"

부인에게도 정말 짜릿한 경험이었다. 목적지까지 가는 내내 대화가 끊이지 않았다. 나는 내가 어떻게 내 마음에 있는 것을 그대로 기도로 올려드리는지 나눴다.

하나님은 우리가 천재가 되어 기도의 모든 기법을 터득하고 기억하기를 바라지 않으신다. 그저 우리가 신실한 마음으로 기도하기만 바라실 뿐이다.

내가 머물던 목사님 사택으로 돌아가자 목사님 사모님이

누군가 선물했다며 맛있는 케이크를 내오셨다. 의자에 앉자마자 내가 말했다.

'엘로이즈, 오늘 차에서 정말 잘하셨어요. 지금도 간단하게 기도하시겠어요?'

불쌍한 엘로이즈는 차라리 나에게나 자신에게 번개가 떨어지는 편이 낫겠다는 표정으로 나를 쳐다봤다. 어쩌면 벼락이 나한테 떨어지기를 바랐는지도 모른다. 잔뜩 움츠러들어서는 겁에 질린 목소리로 물었다.

"사모님 앞에서요?"

"예, 사모님 앞에서요!"

"오, 안 돼요!"

"오, 돼요!"

그리스도 안에서 성장하고자 하는 진심이 있는 사람과 함께 하는 시간이 정말 신나는 이유는, 그런 사람은 자신의 삶 가운데 역사하시는 성령님 때문에 무슨 일이든 하기 때문이다. 울음을 터뜨리기 일보 직전까지 갔는데도 엘로이즈는 이렇게 기도했다.

"주님, 이렇게 케이크를 주셔서 감사합니다!"

하늘의 천사들이 기도의 방법을 배우겠다는 강한 의지를 보인 부인의 열정과 흥분을 보고 주님과 함께 크게 기뻐했으리라.

다음날 라디오 프로그램 출연을 위해 숙소를 나서려는 데 엘로이즈가 차로 데려다주고 싶다고 전화했다. 기도하는 법을 배우고 싶어 하는 다른 자매가 있는데 점심식사를 함께 할 수 있는지도 물었다. 물론 나는 "좋아요!"라고 답했다.

점심식사를 함께 하며 나는 말했다.
"기도를 배우기에 지금처럼 좋은 때는 없습니다. 한 사람씩 돌아가면서 한 마디나 한 구절씩 식사를 주셔서 감사하다고 기도합시다."
무슨 일이 일어났는지 아는가? 엘로이즈가 먼저 나섰다.
"기도하는 법을 배웠으니 제가 먼저 할게요!"
얼마나 훌륭한 학생을 됬는지 새삼 깨달으면서 심장이 터질 듯 기뻤다. 그 자리에 함께 한 모든 사람이 기도를 시작했다.

몇 사람이 동시에 그리스도를 영접할 때 은혜 안에서 함께 성장하는 즐거움을 만끽할 수 있다. 많은 이들이 내 저녁 식탁에서 기도의 방법을 배웠다. 한 사람씩 돌아가며 (원하든 원치 않든) 한 마디씩 해야 하기 때문이다.

기도를 연습하다보면 기도의 흐름에 얼마나 쉽게 빠져들게 되는지 깜짝 놀라게 된다. 모든 것이 그렇지만 기도에 있어서도 연습하면 나아진다. 정말 그렇다.

나는 아직도 완벽한 기도가 어떤 기도인지 모르겠다. 하나님이 어떤 기도를 완벽한 기도라 하시는지도 모르겠다. 그저 하나님이 내 기도를 들으시고 하나님의 완벽한 방법에 따라 그 기도에 응답하신다는 사실만을 알 따름이다.

많은 시간, 기도에 매진하며 박진감 넘치는 신앙생활을 하는 몇몇 청년들도 가장 비정통적인 방식으로 내 저녁 식탁에서 기도하는 법을 배웠다. 청년들이 여러 면에서 모험정신을 발휘하지만 새신자에게 큰 소리로 기도하기란 여전히 참으로 어려운 과제다. 그래서 나는 식탁에 둘러 앉아 돌아가며 기도하기 전에 각 사람에게 기도하고 싶은 주제를 하나씩 선택하도록 한다.

대개는 대여섯 사람이 동시에 목소리 높여 이야기를 하고 이런저런 주제가 나온다.

"목사님을 위해 기도해요."

"오늘 밤 예배를 위해 기도해요."

"다음 주말 청년부 모임을 위해 기도해요!"

성령님이 가장 간절히 바라는 것을 구하도록 이들을 인도하시는 모습은 참으로 경이롭다. 큰 소리로 기도하는 법을 배우고 있다면 진심으로 원하는 기도제목을 고를 때 기도의 여정이 훨씬 수월하고 신속해진다는 점을 기억하라.

자신이 기도하고 싶은 소소한 것 몇 가지만 가지고 기도하라는 말이 아니다. 하지만 새신자에게는 씹어 먹을 고기가 아니라 우유가 필요하다.

기도할 때 꼭 육신의 무릎을 꿇을 필요는 없다고 생각하는 나를 많은 이들이 이단아로 볼지 모른다. 나는 기도할 때 영적 무릎을 꿇는다. 하지만 대부분은 육신을 꿇지 않은 상태로 기도한다. 오해는 하지 않았으면 한다. 나는 수많은 교회의 강대상 앞에 무릎을 꿇었고, 하나님과 지루할 틈 없는 대화를 나눴으며, 강대상 앞에서 무릎 꿇고 하는 기도를 통해 놀라운 일들을 수없이 경험했다. 하지만 하나님은 내가 서서 하는 기도, 침대에 누워서 하는 기도, 차를 운전하면서 하는 기도에도 수없이 응답하셨다.

나를 사랑하시는 하나님은 내 마음에서 흘러나오는 기도라면 언제든 귀를 기울이신다.

지금 어느 자리에 있든 잠시 이 책을 내려놓고 큰 소리로 고백하라. "주님, 감사합니다." 아무도 당신의 첫 큰 소리 기도를 듣지 않는 곳으로 가고 싶다면, (나도 그랬다) 차로 가서 시동을 걸거나, 산책을 나가거나, 욕조에 들어가거나, 아무도 없는 곳을 찾아가라. 하지만 어디서든 이 두 단어를 큰 소리로 해야 한다.

다시 방으로 돌아왔는가? 처음이라 소리가 나오지 않고 목에 걸리지 않던가? 하지만 진심으로 하고자 한다면 다음번은 이번보다 훨씬 수월해진다고 장담한다. 미처 깨닫기도 전에 기도가 당신 삶의 가장 신나는 일이 될 것이다. 이제 두 번째 단계로 넘어갈 준비가 됐다.

"주님, 감사합니다."라고 기도했지만 무엇이 감사한지는 고백하지 않았다. 이제는 주님이 당신을 위해 행하신 일 중 한 가지만 떠올려보라. 아무 것도 떠오르지 않는다면 한 가지 팁을 주겠다. 주님이 당신과 나를 위해 십자가에 달려 죽으셨는가? 그로 인해 감사할 수 있겠는가? (큰 소리로 말이다!) 좋다. 이제 한 번 해보자.

너무 어렵다 싶은가? 그럼, 지금 당신이 있는 곳의 날씨는 어떤가? 그런 날씨를 주신 주님께 감사할 수 있겠는가? 사실 우리는 어떤 날씨든 그 날을 주신 주님께 감사해야 한다. 날씨에 관계없이 주님은 그 하루를 통해 놀라운 일을 행하신다. 지난 밤 편히 깊은 잠을 잘 수 있게 하신 주님께 감사할 수 있겠는가? 살아있는 특권을 주신 주님께 감사할 수 있겠는가? 글을 알아서 책을 읽을 수 있는 특권을 주신 것에 감사할 수 있겠는가?

불편함이 많이 잦아들었다면, 이제 다음 단계로 넘어가보자.

내가 당신의 가장 친한 친구이고 당신이 지금 남편과의 관계에 문제가 있다면, 아마도 내게 그 문제를 털어놓고 남편의 (혹은 아내의) 어떤 행동이 결혼생활을 힘들게 만드는지 이야기할 것이다. 이런 말을 할지 모른다.

"우리 남편 때문에 미칠 것 같아. 나는 집을 어떻게든 깨끗하게 정리하려고 노력하는데 매일 밤 남편이 퇴근하면 아무 소용이 없어."

"양말을 아무 데나 벗어던져서 내가 쫓아다니면서 주워야 하고, 아침이면 양치하고 치약 뚜껑도 덮어놓질 않아. 그것 때문에 내가 얼마나 스트레스를 받는지 뻔히 알면서도 늘 그래. 그래놓고 내가 쓰레기 좀 버려달라고 하거나 설거지 좀 해달라고 하면 뭐라고 하는지 알아?" 당신 대체 나를 뭐라고 생각하는 거야? 그런 건 여자들이 하는 일이지, 남자한테 시킬 일이 아니라고! "이렇게 하루하루 살다간 언젠가 미쳐버릴 것 같아."

이렇게 우리는 남편에 대한 사소한 것까지 친구에게 시시콜콜 이야기하지만, 사실 이야기를 한다고 해서 상황은 조금도 달라지지 않는다. 이보다 훨씬 더 나은 해법을 알고 싶은가? 정말 알고 싶은가? 아마 지금쯤 짐작을 하고 있으리라 믿는다. 바로 하늘로 이어진 핫라인을 가동하는 것이다.

핫라인을 타고 하나님과 이런 식의 대화가 오갈 것이다.

"안녕하세요, 하나님. 또 저예요. 정말 절 힘들게 하는 문제가 있는데, 하나님이 어떻게 그 문제에 대처해야 할지 알려주셨으면 좋겠어요. 주일 성경공부 교재를 제대로 공부해두고 싶은데 매일 똑같은 일을 반복하느라 시간을 도저히 내지 못하고 있어요.

온종일 집을 치우는데 남편이 퇴근해서 돌아오면 다시 원점으로 돌아가요. 거실에 신발을 아무렇게나 벗어둬서 제가 쫓아다니면서 치워야 해요. 그 사람이 치약 뚜껑 열어놓으면 제가 얼마나 짜증나는지 잘 아시죠? 쓰레기 좀 내다 버리라고 남편이랑 싸울 때면 너무 화가 치밀어 올라서 정말 죽어버릴 것 같아요. 주님, 남편이 제대로 하게 해주시든가, 제가 더 인내하고 사랑하고 이해하도록 가르쳐주세요."

진심으로 이렇게 기도하고 나면 그 상황을 머릿속에 각인시키는 대신, 무언가 그 상황에 대해 건설적인 행동을 취했기 때문에 마음에 평안이 밀려온다. 하나님의 인도하심을 구할 수도 있다. 웃지 마라. 하나님이 당신의 머리카락 수까지 알고 계시다면, 하나님이 당신의 염려에 마음을 쓰지 않으시겠는가?

또 하나님이 당신을 도울 수 있는 기회를 기뻐하지 않으시겠는가? 그리스도는 결코 강요하지 않으신다. 인내하며 당신이 구하기를 기다리신다. 우리가 날마다 기도의 능력을 활용하든 그렇지 않든, 그리스도는 우리 입에서 기도의 첫마디가 나오기를 오래 참으며 기다리고 계신다. 그렇기 때문에 하늘로 이어진 핫라인으로 전화를 걸었을 때 아무도 그 전화를 받지 않을까 절대 염려할 필요가 없다.

당신이 남편이고 당신 아내가 정말 끔찍한 사람이라면, (하지만 세상에 끔찍한 아내는 없다는 점을 당신도 잘 알리라 믿는다) 아내의 게으른 습관에 대해 가상의 대화를 만들어보라. 그리고 동일한 상황에 대해 하나님께 그대로 말씀드리는 모습을 떠올리고 직접 말해보라. 그러고 나서 가장 중요한 단계는 하나님이 당신에게 하시는 말씀을 듣는 것이다.

이 마지막 문장에 많은 것이 담겨 있다. 기도에서 가장 중요한 것은 바로 하나님이 당신에게 하시려는 말씀을 듣기 위한 기다림이라는 사실을 알고 있는가? 수없이 많은 경우 우리는 조바심을 내며 기도하고는 하나님이 바로 그 순간 우리가 기도하는 상황에 대해 즉각적으로 무언가를 해주지 않으신다고 느끼고, 우리가 하나님 앞에 내려놓은 문제를 다시 들고 가서는 우리 힘으로 풀어보려 한다.

솔직히 우리 문제에 대해 다른 사람들의 조언을 구하느라 너무 분주해서 하나님이 우리에게 하시려는 말씀을 들을 때까지 잠잠히 기다리지 못한다.

이 책의 서두에 하나님께 기도제목을 내어드린 후 손을 뒤집고 그대로 팔을 내리라고 했던 말을 기억하라. 기도의 비밀 중 하나는 하나님의 응답을 들을 시간을 내는 것이다.

일반적으로 나는 사람들에게 하나님께 무언가를 "말씀해 주시기를" 구하라고 하지 않는다. 어떤 이들은 차고 같은 곳에서 쩌렁쩌렁 울리는 소리가 들려와 명시적인 지시를 내리기를 기대한다.

하나님은 당신에게 어떻게 해야 할지 분명하게 알려주실 것이다. 하지만 하나님의 응답을 알아듣는 법을 터득해야 한다.

하나님이 당신이 처한 상황에서 어떻게 하기를 바라시는지 드러내주시기를 구하라고 권하고 싶다.

많은 경우 다른 사람을 통해 하나님의 응답이 오기도 한다. 때로 하나님이 다른 이들을 사용해 우리 삶에서 무엇을 원하시는지 전하기도 하신다. 하나님의 말씀은 기도 응답의 중요한 통로다.

내 삶의 주인이신 주님이 내게 개인적으로 편지를 쓰신 듯 내 기도의 응답이 되는 말씀으로 인도하신 적도 많다.

일련의 상황을 통해 당신을 향한 계획이나 당신의 기도에 대한 응답을 드러내기도 하신다.

당신이 한 가지만큼은 반드시 기억했으면 한다. 하나님이 언제나 우리가 바라는 방식대로, 예상하는 방식대로, 우리 기도에 응답하시지는 않는다.

왜일까? 하나님은 우리보다 훨씬 더 똑똑하시다. 나는 나를 향한 하나님의 계획이 무엇이든 내 스스로 세운 계획과 비교할 수 없을 만큼 좋다는 사실을 알기에 하나님의 응답을 받아들이게 됐다. 그러니 당신이 바라던 그 응답이 아닐지라도 당신의 삶의 필요를 채우시는 하나님을 신뢰하라. 훨씬 더 나아진 당신의 삶에 깜짝 놀라게 될 것이다.

제4장

지혜를 구하며 기도하라

Hotline To Heaven

"너희 중에 누구든지 지혜가 부족하거든 모든 사람에게 후히 주시고 꾸짖지 아니하시는 하나님께 구하라 그리하면 주시리라 오직 믿음으로 구하고 조금도 의심하지 말라 의심하는 자는 마치 바람에 밀려 요동하는 바다 물결 같으니" (야고보서 1:5-6)

위의 성경구절을 많은 이들이 기억하고 사용해야 한다. 하나님이 내가 어떻게 크리스천이 됐는지에 대한 이야기를 쓰라는 마음의 짐을 지우셨을 때, 이 말씀이 내 삶의 실체가 됐다.

나는 대학을 다니지 못했다. 고등학교 졸업장이 전부이고, 내 평생 고등학교 교내 신문기사를 포함해 다른 사람에게 보여주는 글은 단 한 편도 써본 기억이 없다. 나는 나이 오십에 "늙은 개에게 새로운 재주를 가르치기"란 참으로 힘들다는 사실을 깨달았다. 하지만 나는 새로운 재주를 배웠다. 구체적으로 말하자면 나는 믿음으로 지혜를 구했고 하나님이 내게 지혜를 주셨다.

주님이 내게 주신 가장 큰 짐은 내 삶의 이야기를 쓰라는 짐이었다. 다른 사람들이 크리스천이 된 과정과 별 다를 바가 없다고 생각했기 때문에 왜 그런 마음의 짐을 주시는지 이해하지 못했다. 하지만 글을 써야한다는 압박이 끊임없이 나를 괴롭혔고, 결국 내가 어떻게 크리스천이 되었는지를 써야만 했다.

하나님께 순종하고 하나님이 내게 명하시는 일은 무엇이든 하겠다는 열망이 항상 내 안에 있었기 때문에, 나는 어느 날 밤 타자기 앞에 앉아 내가 어떻게 그리스도를 발견했는지 기록해나가기 시작했다.

매일 밤 똑같은 일을 반복했다. 모두가 퇴근할 때까지 기다렸다가 타자기에 종이를 끼우고 "나는 마흔 아홉이라는 늦은 나이에 크리스천이 됐다."라고 첫줄을 채웠다. 하지만 그러고 나면 더 이상 아무 생각도 떠오르지 않았다. 그러면 다른 문장으로 시작해본다. "마흔 아홉의 나이에 나는 크리스천이 됐다." 첫 문장으로 왠지 부족하다는 생각이 들어 다시 종이를 갈아 끼우고 타이핑을 시작한다. "내가 크리스천이 된 것은 내 나이 마흔 아홉의 일이다." 그러고 나면 또 막혔다. 이리저리 시도를 해본다. 몇 문장을 더 쓰고 나면 나도 모르게 이런 말이 나온다. "진짜 형편없네!" 그 지점이 되면 하나님께 나는 작가가 아니고 앞으로도 작가가 될 일이 없을 거라는 사실을 다시 말씀드리게 된다.

하지만 하나님의 영은 포기를 모르셨다(언제나 그렇듯이 말이다. 그래서 주님을 찬양한다). 하나님이 내게 원하시는 일을 끝내기 전에는 결코 쉬지 못하리라는 사실을 나는 잘 알고 있었다. 하지만 그 일을 하기에 나는 한없이 부족하게만 느껴졌다.

하루는 목사님과 통화를 하다가 하나님이 내 삶의 이야기를 쓰라는 마음의 부담을 주셨다고 이야기했다. 하지만 그 일을 할 수 있을 것 같지 않다고 말씀드렸다. 그 때 목사님이 내게 최고의 조언을 해주셨다.

"프랜시스, 타자기 앞으로 가서 기도하세요. 그리고 하나님께 당신의 손가락과 머리를 내어드리고 하나님이 원하시는 이야기를 쓰는 데 당신의 손가락과 머리를 사용해달라고 구하세요."

전화를 끊고 타자기 앞에 앉아 기도했다. 정말 짧고 단순한 기도였다. 손을 앞으로 뻗었다.

"주님, 제 손입니다."

머리를 가리켰다.

"하나님, 제 머리입니다. 이 모두가 주님 것입니다. 주님의 영이 주님이 원하시는 이야기를 쓰는 데 이 손과 머리를 사용해주세요."

타자기에 종이를 끼워 넣었다. 그때부터 손가락이 날아다니기 시작했다. 문장이 정신없이 쏟아져 나와서 타자 속도가 따라가기 힘들 정도였다(내가 정말 타자를 빨리 치는 사람인데도 그랬다). 시작한 지 30시간이 됐을 때, 나의 첫 책 「기막히게 멋진 하나님(God Is Fabulous)」이 완성됐다.

초고가 완성된 이후 나는 한 번도 원고를 고치거나 다시 쓰지 않았다. 출판사에서도 단어만 몇 개 수정한 것이 전부다. 나는 하나님의 영이 작업을 인도하셨다고 확실히 믿는다. 성령의 감동이 끝났을 때 작업도 끝났다. 그 책에 덧붙일 것은 하나도 없었다. 다시금 기도가 놀라운 일을 일궜다! 나는 책을 쓸 지혜와 지식을 구했고 내 소박한 기도를 들으신 하나님이 즉시 그 기도에 응답하셨다.

얼마 지나지 않아 또 다른 감동이 내 안에 강하게 일어났다. 예수 그리스도의 단순 소박한 이야기를 모든 이에게 전하는 것이 얼마나 쉬운지에 대한 책을 쓰라는 감동이었다. 다시금 지혜를 구했고, 다시 한 번 성령님이 역사하시는 열린 통로로 사용해달라고 기도하며 내 손과 머리를 주님께 내어드렸다. 또 다시 손가락 끝에서 책 한 권이 순식간에 탄생했다. 이 책 역시 초고 이후로 다시 쓰거나 고쳐 쓰지 않았고, 얼마후 완성된 원고가 책으로 출간됐다. 하지만 이 또한 내가 아닌 주님이 하신 일이다.

그러던 어느 날 목사님 사모님이 누군가 나에 대해 이런 말을 했다고 전해주셨다.

"프랜시스는 하늘로 연결된 핫라인이 있나 봐요. 하나님께서 프랜시스의 기도에 그렇게 많이 응답하시잖아요."

그 한 마디가 이 세 번째 책의 영감이 됐다. 다시금 하나님께 지혜와 인도하심을 구하며 내 손과 머리를 주님께 드렸을 때, 지금 당신이 읽고 있는 이 이야기가 지면에 옮기지 않으면 사방으로 넘칠 듯이 내 안에 차올랐다. 이 책의 한 장 한 장이 전개되는 동안 이야기가 멈추지 않고 흘러나오고 있다.

내가 여기서 나누는 것들은 내 자신에 관한 개인적인 이야기다. 하지만 당신과 나누는 이 순간에도 어떻게 이런 이야기들이 떠오르는지 놀랍기만 하다.

이 책에 관해서 하고 싶은 말은 한 가지, 기도하고 기도에 대해 말할 때 마귀가 떤다는 것이다. 마귀도 기도의 능력을 안다. 이 책이 기도에 대한 책이기 때문에 마귀는 지금까지 이 책을 일정에 맞춰 완성하지 못하게 하려고 온갖 장애물을 놓았다.

사무실은 정신없이 분주했고, 개인적인 문제들로 발목이 잡히기도 해서, 기도에 관한 내 생각을 글로 옮길 묵상의 시간조차 없이 사무실이 제대로 돌아가도록 늦은 밤부터 새벽까지 꼬박 일을 해야 하는 날들도 많았다.

이 책을 중단시키기 위해 마귀는 그 어느 때보다 결연히 나를 방해했다. 이 책만큼 나를 기도하게 한 책도 없었고, 이 책을 쓸 때만큼 마귀의 힘과 능력이 강하게 느껴졌던 적도 없었다.

결국 처절한 무력감 속에 나는 성령님의 능력으로 사탄의 손을 묶고 이 책을 일정대로 마무리하게 해달라고 하나님께 부르짖었다. 하나님은 내 부르짖음을 들으셨고 마귀가 끝까지 저항하기는 했지만 결국 패배하고 말았다.

이 책의 제목 「하늘로 이어진 핫라인」을 떠올릴 때마다 진리를 담은 제목이라는 생각이 든다. 나는 종종 이런 말을 했다. "하나님은 당신의 전화기만큼 가까이 계신다." 우리 모두에게 하늘로 이어진 나만의 "핫라인"이 있다. 하지만 모두가 그 핫라인을 사용하지는 않는다는 것이 문제다.

지금 이 순간 내 책상에 놓인 전화기가 눈에 들어온다. 얼마나 놀라운 기기인가. 손으로 수화기를 들고 버튼 몇 개만 제대로 누르면 몇 초 만에 캘리포니아, 호놀룰루, 전 세계 어디 있는 사람과도 이야기할 수 있다.

하지만 전화기만 덩그러니 놓아둔 채 수화기를 들어 전화를 걸지 않는다면 내 삶에 무슨 가치를 안겨주겠는가?

하늘로 이어진 우리의 핫라인, 기도도 마찬가지다. 기도는 직통전화다. 당신만 사용하는 번호이기 때문에 하나님께 전화를 걸었을 때 통화중 신호음을 듣는 일은 결코 없다.

하지만 실제로 얼마나 자주 수화기를 들어 버튼을 누르는가? 당신의 가장 사소한 필요라 하더라도 하나님의 응답을 구하며 전화를 한 적이 몇 번이나 되는가?

나는 개인적인 경험을 통해 성경의 약속에 굳게 설 수 있으며 하늘로 이어진 핫라인이 내 삶 전체를 인도하도록 해야 함을 깨달았다. 혹시나 하나님이 "주님, 또 저예요."라는 말을 지겹게 여기시지는 않을까 염려한 적도 있다. 하지만 하나님은 계속 내 기도에 놀랍게 응답하셨고 결국 더 이상 염려하지 않고 내 삶의 가장 작은 영역에 대해서조차도 끊임없이 기도하게 됐다.

제5장

양털을 놓고 기도하라

Hotline To Heaven

나는 "양털"을 열심히 내놓는 사람이다. 무슨 말인지 이해하지 못하는 사람들을 위해 다소 길기는 하지만 구약 사사기 6장 36절부터 40절의 흥미진진한 말씀 전문을 옮겨보겠다. 내가 이해하는 이 구절의 이야기는 이렇다.

　　하나님이 이스라엘을 구할 자로 기드온을 부르셨다. 하지만 기드온은 두려웠고 하나님께 마음에 의심이 남지 않도록 응답을 달라고 구했다. 이야기의 골격을 머리에 담고 본문을 읽어보자.

"기드온이 하나님께 여쭈되 주께서 이미 말씀하심 같이 내 손으로 이스라엘을 구원하시려거든 보소서 내가 양털 한 뭉치를 타작 마당에 두리니 만일 이슬이 양털에만 있고 주변 땅은 마르면 주께서 이미 말씀하심 같이 내 손으로 이스라엘을 구원하실 줄을 내가 알겠나이다 하였더니 그대로 된지라 이튿날 기드온이 일찍이 일어나서 양털을 가져다가 그 양털에서 이슬을 짜니 물이 그릇에 가득하더라 기드온이 또 하나님께 여쭈되 주여 내게 노하지 마옵소서 내가 이번만 말하리이다 구하옵나니 내게 이번만 양털로 시험하게 하소서 원하건대 양털만 마르고 그 주변 땅에는 다 이슬이 있게 하옵소서 하였더니 그 밤에 하나님이 그대로 행하시니 곧 양털만 마르고 그 주변 땅에는 다 이슬이 있었더라"

지금 본 대로 기드온은 하나님이 자신에게 하신 말씀을 너무나 의심해서 자신의 삶을 향한 하나님의 뜻을 눈에 확실히 보이는 증거로 입증해달라고 구했다. 의심일까 아니면 기드온이 확실하고 명확한 방향을 알고 싶었던 것일까? 나는 기드온이 명확한 방향을 알고 싶어 했다고 생각한다. 나 역시도 내 삶을 향한 하나님의 뜻을 확실히 이해하지 못해 양털을 내놓았던 때가 여러 차례 있었다. 기드온의 기도를 꼼꼼히 읽다

보면 하나님이 두 번째 요청이 첫 번째 요청과 정반대되는 요청이었음에도 두 번 다 응답하셨음을 확인할 수 있다.

내가 처음 양털을 내놨던 때가 지금도 생생히 기억난다. 첫 책이 출간된 후 여러 교회에서 초청을 받았다. 하나님이 내 삶에 특별한 소명을 주셨다는 감동이 있었지만 그게 무엇인지는 알 수 없었다. 그 부르심이 무엇이든 기쁘고 흥미진진할 것이라고 확신했지만, 내 사업체를 계속 꾸려가면서 강연 일정을 잡는 일이 가능할 것 같지 않았다. 하나님이 내게 주신 부르심을 따라야 한다는 점은 분명히 알았다. 내가 풀지 못한 질문은 "그 부르심이 무엇인지 어떻게 확신할 수 있을까?"였다. 나는 기드온의 이야기를 떠올리고는 양털을 내놓기로 했다.

나는 이렇게 기도했다.

"주님, 주님이 제 삶에 바라시는 것이 무엇이든 저는 개의치 않습니다. 다만 주님이 제가 하기를 바라시는 일을 확실히, 명확하게 알고 싶습니다. 제가 하나님의 아들 예수 그리스도를 아는 기쁨과 짜릿함을 저를 초청한 모든 교회와 나누기를 원하신다면 제게 이렇게 해주시겠어요? (내 생각에 하나님께 정말 어려운 과제를 양털로 내놓을 생각이었다.)"

이어 이렇게 기도했다.

"○○○교회에서 제게 와서 간증을 해달라고 초청하게 해주세요."

유명한 대형교회의 이름을 빈칸에 넣었다. 그 교회에서 나를 초청할 가능성은 백만 분의 일도 되지 않는다는 사실을 알고 있었다. 때문에 편안한 마음으로 인쇄 사업을 계속하면 되겠거니 생각했다.

내가 이런 기도를 한 때가 월요일이었다. 화요일에 업무를 계속했다. 수요일에 아무 일도 일어나지 않았다. 목요일 역시 잠잠했다. 내가 기도하며 언급했던 그 교회에서 간증을 해달라는 초대장으로 우편함이 미어터지는 일도 일어나지 않았다.

그러다 금요일이 됐다. 사무실 책상에 앉아 있는데 문이 열

리더니 그 교회 목사님이 우리 사무실로 들어왔다.

"프랜시스, 제가 웨스트팜비치에서 휴가 중이었습니다. 전화를 드릴 생각도 했지만 전화로는 거절하실까봐 직접 찾아오기로 했습니다. 저희 ○○○교회에서 말씀을 전해주십사 초청을 하고 싶은데요 ……"

내가 기도할 때 언급했던 그 교회 이름을 댔다.

퉁퉁 불은 면발처럼 축 늘어진 내 척추에 번개가 내리꽂힌 듯 나는 자리에 얼어붙어 움직이지 못했다. 당연히 그러겠다고 대답했다. 하나님이 내 기도에 너무나 강력하게 응답하시고 양털을 집어 드셨기에 하나님이 내게 무엇을 바라시는지 내 마음에 터럭만큼의 의심도 남지 않았다.

그런데 이 초청에서 가장 재미있는 점은 그 초청이 지금까지도 실현되지 않았다. 하지만 내가 하나님께 어떤 기도를 드렸는지 면밀히 살펴보라. 나는 **초청을 받게 되기**를 구했을 뿐이다. 말씀 전하게 되기를 구하지 않았고 하나님은 **정확히 내가 구한 대로** 양털을 집어 드셨다. 내가 강연 초청을 받게 하셨다. 그래서 우리는 우리가 어떤 기도를 하는지도 세심하게 살펴야 한다. 하나님은 정말 기도에 응답하시니 말이다!

사업을 하면서도 수없이 양털을 내놓았다. 하나님이 나를 처음 부르셨을 때, 나는 하나님이 내가 사업을 정리하고 하나님을 섬기는 데 모든 시간을 헌신하기를 바라신다고 생각했다. 하지만 모든 시간을 하나님을 섬기는 데 사용하면서도 동시에 사업을 할 수 있다는 사실을 깨달았다. 하나님이 사업체 매각을 원하신다는 강한 확신이 있었기 때문에 내가 운영하던 회사를 매물로 내놓을 뻔했다. 그런데 매각을 시도하려던 순간 기드온이 떠올랐다. 그래서 다시 양털을 내놓았다.

하지만 이번에는 양털이 그냥 그 자리에 있었다. 이해가 되지 않았다. 당시 나는 사업을 그만두는 것이 주님의 뜻이라고 확신했다(어쩌면 내 뜻이었을까?). 하지만 이제와 돌이켜보면 하나님이 사업을 계속하게 하신 데는 분명한 이유가 있었다. 지금까지 사업체를 인수하겠다며 많은 이들이 좋은 조건을 제시했다. 하지만 양털을 내놓을 때마다 모든 제안이 중단됐다.

"주님, 주님이 원하신다면 분명 이유가 있겠죠. 그러니 저는 괜찮습니다."

이후 주님은 내가 사업을 하기 때문에 남성들과 같은 눈높이에서 이야기할 수 있다는 점이 그들과 이야기할 때 가장 큰 영향을 끼친다는 점을 일깨워주셨다. 나는 비즈니스를 전혀 모르는 사람이 아닌, 남성들이 치열하게 경쟁하는 그들의 세계에서 매일 남성들과 부딪히며 일하는 사람으로서 남성들에게 이야기할 수 있다. 그들의 세계를 알기 때문에 그들이 내세우는 크리스천이 되지 않는 이유의 빈틈을 파고들 수 있다.

나는 인쇄업체를 운영하고 있고, 제품을 판매할 때마다 매번 예수 그리스도도 함께 전하고 있다.

"어디를 가든 하나님이 나와 함께 가시며 그래서 나는 다수다"라는 것이 나의 모토다.

내가 자연스레 그리스도를 나눌 때 하나님이 능력이 사무실에서도 놀랍게 역사하심을 경험하고 있다!

주님이 대형 항공기를 통해 배달해주신 맛있는 휘핑크림 체리 파이의 주인공 진 코튼과의 관계를 통해서도 짜릿한 기도 경험을 했다.

진과는 내가 설립한 크리스천 청년 운동인 알파/오메가를 통해 만나게 됐다. 이후 우리 두 사람의 삶의 여정은 참으로 기이하게 교차됐다. 진은 탁월한 크리스천 청년이자 저력 있는 포크 가수다. 내가 어디를 가든 진이 거주하고 있던 오하이오 콜럼버스가 아닌 마이애미 지역에서 노래를 할 기회가 눈에 들어왔다. 그런 기회를 만나면 나는 진에게 연락을 했고 진은 초청을 받아들여 비행기를 타고 날아왔다. 진이 마이애미 공연 일정을 소화하는 동안 나는 진을 식사에 초대해 다른 이들과 함께 기도모임을 갖곤 했다.

식탁에 둘러앉은 이들 가운데 그리스도의 사랑이 흘러 넘쳤다! 20여 명의 사람들이 우리 집 식탁에 모여 앉아 성령님의 인도하심에 귀를 기울이며 더욱더 기도에 매진했다.

진은 마이애미 지역에서 몇 차례 공연을 한 후, 내가 연결한 대형 음반사 오디션에 참석하기 위해 뉴욕으로 가기로 했다. 뉴욕으로 차를 몰고 가기 위해 오하이오 콜럼버스의 집을 떠나기 전, 진은 내게 전화를 걸었다. 잠시 이야기를 나눈 후, 진이 내게 이렇게 말했다.

"프랜시스, 제 매니저가 돼주세요."

"예? 지금 뭐라고 그랬어요?"

진은 차분하게 다시 한 번 말했다.

"제 매니저가 돼주세요."

"내가 어떻게 당신 매니저가 돼요? 저는 노래에 대해 아무 것도 모르는 걸요. 음악에 대해서도 아는 게 없어요. 공연계 에는 완전히 문외한이고요. 예약이니 공연이니 난 아무것도 몰라요."

내 말에 진은 아주 단순하면서도 심오한 대답을 제시했다.

"그런 건 상관없어요. 당신과 함께 기도하면 영적인 힘이 생긴다는 사실만은 분명합니다."

그 순간 무슨 말을 해야 할지 몰라서 나는 이렇게 답했다.

"한 번 기도해보세요. 저도 한 번 기도해볼게요. 내일 뉴욕 에 도착해서 다시 전화해주세요. 그때 다시 얘기합시다."

그때가 주일 오후였다. 전화를 끊고 나는 기도했다.

"주님, 제가 어떻게 하기를 바라세요?"

나는 진심으로 기도하기 시작했다. "상식"을 사용한다면 내가 줄 수 있는 답변은 "연예계를 아는 사람을 찾아서 매니 저로 고용하세요."였다. 하지만 하나님이 그 상황 가운데 역 사하고 계셨기에 그 자리에서 거절할 수 없었다.

그날 나는 내 자신을 점검하며 수없이 많은 질문을 내 자신에게 던져봤다. 내가 너무 늙고 나이 들어 젊은 포크 가수를 좇아 전국 방방곡곡을 다니는 게 재미있겠다는 생각을 하게 된 걸까? 그러다 이런 생각도 들었다. "아니면 늙는 게 두려워서 젊음을 좇고 싶은 걸까?"

우리 교회 목사님께도 말씀드리고 나와 진을 모두 아는 다른 목사님께도 말씀드렸다. 두 분 다 하나님이 말씀하셨다는 데 동의하시는 듯했다. 하지만 여전히 확신이 서지 않았다. 나는 기도하고 또 기도했다. 응답을 구하면서 열심히 기도할 때는 하나님의 응답이 찾아올 때까지 번민이 사라지지 않는다. 나는 하나님이 내가 무엇을 하기를 바라시는지 알게 될 때까지 기도를 멈추지 않는다. 저녁 예배에 가야할 때까지 나는 다섯 시간을 꼬박 기도했다.

예배 시간보다 조금 일찍 도착해서 손에 성경을 들고 자리에 앉았다.

그리고 그 때 문득 양털을 내놓았다.

"주님, 제가 얼마나 바보 같은 사람인지 잘 아시죠. 주님의 답을 도저히 모르겠습니다. 주님이 무엇이라 답하시든, 제가 뉴욕으로 가기를 원하시든, 이곳에 머물기를 원하시든, 진의 매니저가 되기를 원하시든, 아니시든 저에게는 아무런 차이가 없다는 것도 잘 아시죠. 그저 이 문제에 대한 주님의 뜻이 이루어지기만 바랄 뿐입니다. 주님, 주님의 말씀 가운데 답이 있음을 제가 압니다. 그 답이 무엇이든 제가 성경을 펼쳤을 때 제게 보여주세요. 주님의 답이 무엇이든 기뻐하겠습니다."

그렇게 기도하고 성경을 펼쳤더니 위아래가 바뀌어 있었다.

성경을 바로 놓았더니 두 구절에 눈에 들어왔다.

로마서 1장 11-12절 말씀을 옮기기 전에 잠시 진이 내게 매니저가 되어달라고 청한 유일한 이유를 상기해보라. 그리고 하나님이 내게 답으로 주신 말씀을 읽어보자.

"내가 너희 보기를 간절히 원하는 것은 어떤 신령한 은사를 너희에게 나누어 주어 너희를 견고하게 하려함이니 이는 곧 내가 너희 가운데서 너희와 나의 믿음으로 말미암아 피차 안위함을 얻으려 함이라"

괴로워하며 하나님의 뜻을 찾은 끝에 만난 하나님의 사랑이 나를 완전히 휘감으며 말로 설명할 수 없는 평안과 잠잠함이 밀려왔다. 나는 뉴욕 행 다음 비행기에 올랐다.

이 이야기에서 기도에 관련된 상황은 이렇게 마무리가 됐다고 생각하겠지만 그렇지 않았다. 그날 종일 기도한 결과로 나는 평생 잊지 못할 기도의 밤을 보내게 됐다.

진의 매니저로 계약을 하기 위해 뉴욕으로 날아갔더니 진과 진의 친구가 공항에서 나를 맞이했다. 두 사람은 자신들이 머물고 있던 호텔에 내가 묵을 방을 잡아뒀다. 모두가 "가라"는 말씀에서 비롯된 경험이었다. 그리니치빌리지 중심부에 위치한 그 호텔의 상태는 도저히 믿기지 않는 수준이었다. 그런 곳에서 며칠 밤을 자야한다고 생각하니 공포가 밀려왔다. 하지만 그곳은 오디션 장소에서 가까웠고 가격도 그나마 괜찮았다. 게다가 진과 친구는 돈이 없었고 나 홀로 번화가의 번듯한 호텔에 묵고 싶은 생각도 들지 않았다. 그래서 그냥 "버텨보기로" 했다.

기도 끝에 나는 내가 평생 묵은 호텔 중 가장 낡고 지저분

한 호텔에서 스타 매클렌던이 지켜보는 가운데 계약서에 서명했다. 사실 계약은 필요 없었다. 진이 어떤 경력을 추구할 것인지에 대해 이미 하나님과 약속했기 때문이다. 우리가 맺은 약속 중 하나는 어떤 공연을 하든지 진이 크리스천이라는 증거로 한 곡 이상 크리스천 노래를 부르겠다는 약속이었다.

바로 다음 날 밤 중요한 오디션이 있었고, 우리 셋은 진이 부를 네 곡을 고르기 위해 온종일 기도했다. 대형 음반사와의 오디션이었고 진의 다채로운 재능을 단 네 곡으로 보여줘야 한다니 당혹스러웠다. 빠른 곡을 불러야 하나, 느린 곳을 불러야 하나? 진이 밴조를 연주하며 노래를 부르는 게 나을까? 마침내 선곡을 마쳤다. 하지만 하나님과의 약속을 잊고 말았다. 주님이 우리에게 주신 첫 기회였는데 세상 노래만 네 곡을 골랐다.

이른 아침 호텔을 출발해서 오디션이 열리는 커피숍에 오디션 시작 한참 전에 도착했다. 전에 한 번도 커피숍에 가본 적이 없었는데, 가보니 어두컴컴하기 이를 데 없어서 참 이상하다고 생각했다. 한쪽 눈의 시력을 보완하기 위해 착용한 콘

택트렌즈는 테두리가 매끄럽지 않아 눈이 불편했다. 결국 렌즈를 뺐고 전보다 앞이 더 안 보였다.

진과 스타는 가수와 연주자들이 줄을 서 있는 곳으로 갔고 나는 화장을 고치기 위해 화장실로 향했다. 커피숍에 불빛이라고는 커피주전자를 데우는 가스불에서 나오는 빛이 전부라서 앞이 제대로 보이지 않았는데, 계단이 한 칸 더 있는 것을 보지 못하고 그만 큰대자로 넘어지고 말았다! 얼마나 세게 넘어졌는지 눈앞에 정말로 별이 보이면서 이런 생각이 들었다.

"내가 어떻게 여기가 어둡다고 생각했을까, 별이 이렇게 예쁜데!"

바로 다음 순간 내가 깨닫기도 전에 수많은 사람들이 내 주위로 몰려와 나를 부축해 일으켰다. 나는 아주 차분히 말했다.

"발이 부러졌어요!"

구두굽이 계단 끝에 걸리면서 발이 그대로 바닥으로 내리꽂힌 것이었다. 웨이터들이 나를 잡아 일으켜 의자에 앉혔다. 내가 넘어졌다는 사실을 진이 알면 평정심을 잃을까 염려가 됐기 때문에 의사를 부르지 말라고 했다. 대신 진이 (종교적인 노래는 한 곡도 부르지 않고) 네 곡을 모두 마칠 때까지 의자에 앉아 기다렸다.

자리에 잠시 더 앉아 있다가 두 사람에게 어떤 일이 있었는지 알렸다. 발에 통증이 느껴지기 시작했기 때문에 의사에게 가보기로 했다.

그 시각 이후 그 날 밤은 한 편의 끔찍한 코미디였다. 택시를 타고 호텔로 돌아가 발을 찬물과 뜨거운 물에 번갈아 담갔다. 통증은 점점 더 심해졌고 결국 병원에 가기로 했다. 우리는 쓰러지기 일보 직전의 호텔 5층에 투숙했는데, 내 객실은 엘리베이터에서 정반대 위치에 있었다. 내 짐작에는 두 개의 건물을 각 층의 방화벽을 뚫어 통로를 만들어 하나로 연결한 게 아닌가 싶다. 우리가 머문 객실은 엘리베이터가 있는 쪽에서 상당히 떨어져있었다. 한 건물에서 다른 건물로 건너가려면 좁은 통로를 통해 한 줄로 서서 계단을 두 개 올라가야 했다. 이 호텔의 투숙객 중 몇몇 사람은 "이 세상 사람이 아닌 듯이" 보였는데, 그 이후 그 때 우리도 "이 세상 사람이 아닌 듯이" 보이지는 않았을까 하는 의문이 종종 들었다.

통증이 점점 심해져서 더 이상 발을 디딜 수 없는 지경이 됐다. 진과 스타는 서로의 손목을 붙들어 의자처럼 만들어 그 위에 나를 앉혔다(한 사람이 들기에 나는 꽤나 무게가 나간다).

우리는 기나긴 호텔 복도를 지나 모퉁이를 돌아 계단을 올라갔다. 계단을 지나면 두 사람이 만든 손목 의자에서 내려 벽을 붙들고 두 건물을 연결하는 좁은 통로를 통과했다. 통증 때문에 소리라도 지르고 싶은 상황이었지만 말도 안 되는 상황에 웃음이 나왔다.

마침내 호텔 로비에 도착했더니, 호텔 야간 당직 직원이 앰뷸런스를 부를 테니 길에 나가 서 있으라고 했다.

막상 길에 나가보니 지하철 사고가 난 모양이었다. 병원에서는 모든 앰뷸런스가 사고 현장에 출동해서 우리에게 보내 줄 차량이 없다며 택시를 부르라고 했다. 그때가 정확히 몇 시였는지는 모르지만 아마 자정쯤이었을 것이다. 사방 어디를 둘러봐도 택시는 한 대도 없었다. 스타와 진은 혼자 서지도 못하는 나를 부축하느라 택시를 잡으러 움직이지도 못했다. 하지만 택시를 잡기는 잡아야했기에 나를 길모퉁이 가로등에 기대게 하고는 택시를 잡으러갔다. 그때 드는 생각은 사람들 눈에 대체 우리가 어떻게 보일까 하는 것이었다.

한 명은 백인, 한 명은 흑인인 젊은 남성 두 명과 두 사람의 어머니뻘도 더 돼 보이는 여성이 한쪽 발에는 신발도 신지 않은 채 뉴욕 길모퉁이 가로등에 기대 서 있다고 생각해보라. 분명 행인들의 눈에는 내가 주정뱅이로 비쳤으리라.

경찰이 내 앞에 차를 세웠다. 하지만 내가 뉴욕 주민이 아니기 때문에 경찰차에 나를 태울 수는 없다고 했다. 대신 택시를 잡아줬다. 그렇게 불을 번쩍이는 경찰차의 엄호를 받으며 뉴욕 도심 병원으로 향했다. 경찰이 이미 무전을 보내둔 덕에 휠체어가 준비돼있었다. 나는 휠체어를 타고 황급히 응급실로 이송돼 그곳에서 의사를 기다렸다.

진과 스타는 대기실에 남았다. 발을 X-레이 촬영하고 결과가 나오기까지 몇 시간 동안 흔히들 인간 지스러기라 할 만한 사람들이 응급실로 실려 오는 모습을 지켜봤다. 애인에게 칼로 난자당한 여성도 봤고, 도와달라고 고래고래 소리를 지르는 마약 중독자도 봤다. 긴긴밤 응급실에 앉아 나는 처참한 인간 군상을 고스란히 목격했다.

오랜 기다림 끝에 발이 세 군데 골절됐다는 진단을 받았다. 병원에서는 수술을 집도할 정형외과 의사를 수소문했다. 내 나이 때문에 수술이 특별히 어려울 것이라고 했다.

그때 즈음에는 더 이상 속으로만 기도할 수 없는 정도로 고통스러웠다. 아니, 더 이상 기도할 수 없을 만큼 통증이 심해졌다. 기다리는 내내 진통제가 전혀 투여되지 않았고, 평상시 통증을 잘 참는 사람이었는데도 더 이상 못 참겠다는 생각이 들었다. 정말 미칠 것만 같았다.

새벽 5시에 간호사가 정형외과 의사에게 연락이 닿지 않는다며 발에 압박 붕대를 감아주고 목발을 줬다. 다음날 시립병원으로 가서 깁스를 하라며 일단은 퇴원하라고 했다. 나는 그때까지 참다 진통제를 줄 수 없느냐고 물었고, 병원에서는 호텔로 돌아가 먹을 진통제를 주고 휠체어에 나를 태워 진과 스타가 기다리는 대기실로 데려다줬다.

두 사람이 나를 어떻게 옮겨 계단을 오르고 호텔 로비에서 엘리베이터로, 엘리베이터에서 계단으로, 기나긴 복도를 지나 내 방까지 옮겨왔는지 일일이 설명하자면 몇 페이지도 모자란다. 호텔로 돌아와 보니 사람들이 언성을 높이며 싸움까지 하고 있어서 정말이지 그곳에 머물고 싶은 생각이 조금도 들지 않았다.

마침내 내 방에 도착했을 때 나는 진에게 말했다.

"계약을 체결하고 하나님과 언약을 맺은 첫날 우리가 어떻게 했나요?

완전히 망쳐버렸어요! 종교적인 노래를 한 곡도 부르지 않았어요."

평생 그 때처럼 내 죄가 절절히 느껴진 때는 없었다.

"하나님, 정말 죄송합니다. 하지만 분명히 약속드릴 게요. 제가 진의 활동에 간여하는 한 진이 어디서 노래를 하든 절대 크리스천 노래를 빠뜨리는 일이 없을 겁니다."

히브리서 말씀이 떠올랐다.

"주께서 그 사랑하시는 자를 징계하시고 그가 받아들이시는 아들마다 채찍질하심이라"

성경을 들고 침대에 누웠다. 다음날 스타와 진은 에이전시를 돌아다니기로 했다. 하지만 나는 온종일 침대에 누워 하나님께 이야기했다. 하나님은 내 참회하는 마음을 아셨다. 약속을 어기고 얼마나 슬퍼하는지도 아셨다. 또한 내가 절대로 그런 잘못을 반복하지 않으리라는 것도 아셨다.

내가 무슨 짓을 했는지 잘 알고 있었기 때문에, 또 내 안에 "거룩한 슬픔"이 있었기 때문에 나는 기도하고, 기도하고, 또 기도했다. 하나님의 크신 자비와 사랑을 구하며 발의 골절을 치유해주시기를 간구했다. 내가 하나님의 일을 하는 데 방해가 되리라는 사실을 알았기 때문이다.

그날의 겟세마네만큼 내 영적 성장을 이끈 사건은 지금까지 없었다. 오후 늦게 병원에 갈 시각이 될 때까지 아무 것도 하지 않고 오직 기도만 했다. 그리고 하나님의 강하신 능력이 더럽고 냄새나는, 내 생애 가장 "영적이지 못한" 그 호텔방에서 역사하셨음을 알았다.

간신히 옷을 입고 병원으로 출발할 때 나는 진에게 말했다.

"하나님이 내 발을 고치셨다는 걸 나는 확실히 알아요!"

우리는 병원으로 가서 온갖 절차를 밟아 의사를 만났다.

진료실에 들어가서 나는 이렇게 말했다.

"집으로 가겠어요. 수술을 받게 된다면 문제가 생겼을 때 가까이서 도와줄 수 있는 의사에게 받고 싶어요."

그길로 퇴원 수속을 밟아 호텔로 돌아와 집으로 가기 위한 항공편을 예약했다.

목발을 들고 압박 붕대를 감은 채 공항으로 가는 택시를 잡아탔다. 시간을 보니 비행기를 놓칠 것 같았다. 진이 앞으로 달려 나갔다. 나도 과감하게 목발을 집어던지고 비행기 탑승구까지 뛰어가겠다는 생각으로 다리를 절룩이며 달리기 시작했다. 마침내 탑승 계단에 도착해서 (나를 기다리느라 이륙을 지연시키고 있었다) 진과 스타에게 작별 인사를 했다. 그 때 진이 빙긋이 웃으며 말했다.

"안 아픈 다리 쪽을 저시던 걸요?"

"나도 알아요. 내가 최고의 의사에게 치료를 받았다고 했잖아요."

마이애미에 있는 우리 가족은 내 발이 부러졌다는 소식을 미리 듣고는 공항에 나와 있었다. 이스턴 항공에서 휠체어를 준비해 나를 차까지 옮겨줬다. 하지만 그러는 내내 내 발이 치유됐음을 나는 알고 있었다. 쉽게 이해하기 어려울 수 있겠지만, 그리스도를 영접한 지 얼마 되지 않은 사람은 이런 일을 다른 사람들에게 이야기하면 바보처럼 보일까 걱정한다. 21세기에는 하나님이 치유의 기적 같은 건 행하지 않으시는데 그런 얘기를 하면 모든 사람들이 나를 멍청이라고 생각하리라는 사실을 나는 잘 알고 있었다. 그런데 정말 하나님은 더 이상 치유하지 않으시는 걸까?

그날 나는 정말 발을 움직일 수 없는 사람처럼 행동했다. 다음날에는 목발을 짚고 출근했다. 하지만 아무도 보지 않을 때면 목발 없이 걸어 다녔다. 그날 오후 주치의를 찾아가 X-레이 촬영을 했다. 사실 이미 어떤 답이 나올지 알고 있었기 때문에 굳이 갈 필요도 없었다. 내 발에 골절은 남아 있지 않았다.

정말 솔직히 말하자면 나는 이렇게 기도했다.

"주님, 저는 사람들이 제가 미쳤다고 생각해도 상관없어요. 주님이 다시 기적을 행하셨으니 이 모든 이야기를 사람들에게 들려줘야합니다."

나는 목발을 집어 던졌다. 그랬더니 무슨 일이 일어났는지 아는가? 아무도 내 이야기를 비웃지 않았다. 두 발로 선 내 모습이 확실한 증거였다. 이틀 전만 하더라도 발목을 구부리지도 못했는데 이틀 만에 목발을 집어 던졌고 세 군데 골절이 모두 사라졌다. 일말의 통증도 남지 않았다. 흔히 볼 수 있는 상황은 결코 아니다.

기도의 능력이 다시 한 번 내게 나타났다! 하나님의 사랑, 하나님의 은혜와 하나님의 자비가 다시금 내게 비췄다.

내가 왜 쉴 새 없이 하나님을 위해 종종거리며 다니는지 의아해하는 사람들이 많다. 그 외에 내가 무슨 일을 할 수 있겠는가?

어찌 내가 하나님이 나를 위해 행하신 모든 일을 갚아드릴 엄두나 내겠는가? 못 낸다.

어찌 내가 기도의 능력을 의심할 수 있겠는가? 못한다.

얼마 전 중서부 소도시의 라디오 방송 프로그램에 출연했다. 방송국을 나서려는데 목사님이 평판이 아주 좋지 않은 한 여성을 만나줄 수 없겠느냐고 물으셨다. 가석방 담당관이 그 여성에 대해 이야기를 하더라며 내게 상황을 설명했다.

전과가 많은 여성으로 자녀 다섯에 대한 양육권을 모두 빼앗긴 상태였다. 열다섯 살 난 딸은 첫 아이 출산을 앞두고 미혼모 쉼터에서 기거하고 있었고, 아들 둘은 교도소에 있었고, 넷째와 다섯째는 소년원에 있었다.

몇몇 교인들이 내가 그 여성을 "회심시킬 수" 있다면 정말 좋겠다고 생각한 모양이다. 사람이 아닌 오직 하나님만이 사람의 마음을 돌이키실 수 있다는 사실을 왜 깨닫지 못하는지 종종 의아하다.

언제나처럼 라디오에서 간증을 하기 전 기도하며 하나님이 그날 아침 나를 통해 나누기를 원하시는 메시지를 들을 특별한 사람을 예비해주시기를 구했다. 그리고 내 입술에 합당한 말을 넣어주시기를 기도했다.

하나님이 행하신 놀라운 일들을 30분가량 나눴다. 방송국을 나서면서 다시 기도했다. 내가 만나기로 한 그 여인을 위한 기도였다. 때로는 사람들이 지나친 기대를 한다. 하지만 그럴 때면 오히려 하나님께 전적으로 의지하게 된다.

내 힘으로는 할 수 없음을 절실히 깨닫는다. 나는 하나님께 이 여성의 영생을 결정짓는 데 나를 사용해주시기를 구하며 기도 폭풍을 보냈다.

이 여성의 집 앞에서 문을 두드렸다. 문이 열리고 내가 내소개를 하자 이 여성은 충격을 받은 듯 멍하니 나를 쳐다봤다. "호 혹시, 방금 전에 라디오에 나온 그 분이세요?" 그러면서 부엌 선반에 놓인 라디오를 가리켰다. 내가 그렇다며 고개를 끄덕이자 놀라운 이야기를 했다.

"그런 종교적인 얘기는 듣지 않기 때문에 라디오를 끄려고 했어요. 하지만 라디오를 끄려고 손을 들었을 때 손이 그대로 얼어붙어버린 거예요. 당신이 하는 얘기를 다 들을 수밖에 없었죠. 당신이 이야기를 마쳤을 때 라디오를 보면서 '나도 저런 사람을 만났으면 좋겠다!' 하고 얘기했어요. 그런데 당신이 여기 오신 거예요. 정말 믿기지 않아요."

하나님이 이 여성의 삶에 얼마나 신속하게 역사하셨는지! 이 여성은 우리에게 앉으라고 청했다. 의자에 앉기 위해 담배꽁초가 수북이 쌓인 재떨이와 마시다 남은 술이 든 술병들을 한 쪽으로 치워야했다. 나는 성경을 테이블에 올려놓았다. 하나님께 힘을 달라고 기도했다. 내가 그 여성에게 한 마디 할 때마다 속으로는 스무 마디를 하나님께 기도했다. 그 상황에서는 정말 도움이 절실했다.

하나님의 영이 더럽고 냄새나는 방을 완전히 덮으셨고, 내가 사영리를 전하고 그리스도를 **지금 당장** 영접하지 못할 이유가 있는지 물었을 때 그 여성은 "아니요, 그럴 이유는 전혀 없습니다."라고 답했다.

우리 세 사람은 그 자리에서 고개를 숙이고 함께 기도했다. 기도를 마치고 고개를 들었을 때, 내 눈 앞에 하나님이 완전히 변화시키신 사람의 얼굴이 보였다.

죄인으로 고개를 숙였던 여성이 몇 분 후 완전히 다른 사람이 됐다. 구석구석까지 완전히 달라진 모습이었다. 아름다운 미소를 지으며 그 여성은 말했다.

"저요, 두 분이 정말 좋아요!"

하나님의 사랑을 우리 두 사람을 통해 봤다는 말이었다. 그리고 이렇게 말했다.

"하나님이 우리 아이들도 돌려주실 것을 믿습니다!"

이렇게 순식간에 엄청난 변화를 볼 수 있다니 흥분이 밀려왔다. 이목구비마저도 한결 부드러워진 모습이었다.

기도가 우리보다 먼저 가서 역사를 일으켰다. 우리가 그날 하나님의 메시지를 듣게 될 사람이 누구인지 미처 알기도 전에 기도가 이미 모든 역사를 마쳤다.

제6장

끊임없이 기도하라

Hotline To Heaven

"항상 기뻐하라 쉬지 말고 기도하라 범사에 감사하라 이것이 그리스도 예수 안에서 너희를 향하신 하나님의 뜻이니라"(데살로니가전서 5:16-18)

끊임없이 기도하는 것의 중요성을 모든 독자에게 전하기 위해 내가 어떻게 기도해야 할까.

내가 끊임없이 항상 기도하는 법을 어떻게 배우게 됐는지 나도 정확하게 알았으면 좋겠다. 사무실에서 일을 할 때도, 사람들과 이야기를 하거나 전화 통화를 할 때도, 하루 일과를 처리할 때도 나는 항상 하나님과 대화한다. 자신을 둘로 쪼개어 하나님이 말씀하신 대로 일하고 **동시**에 기도하는 능력이 존재하는 지도 모르겠다.

처음 기도를 시작했을 때 기도는 특정 시간, 특정 상황에만 해야 한다고 생각했다. 하지만 성장을 하면서 그리스도가 내 삶의 실체가 되시자 주님께 더욱 의지하게 됐다.

아마도 하나님이 내게 이 믿음을 주신 이유는 내가 처음에 하나님을 살짝 시험했기 때문인지도 모른다.

하나님이 내 기도에 응답하시면 나는 조금 더 큰 것을 구했다. 그랬더니 그 기도에도 응답하셨다. 그래서 조금 더 큰 것을 구했다. 그랬더니 이번에도 내 기도에 응답하셨다.

사다리를 한 칸 한 칸 올라가듯 나는 계속해서 끊임없이 기도하는 법을 배웠다. 나는 운전을 할 때든 어디에 있든 계속 기도한다. 하나님이 내게 하나님과 끊임없는 교제 가운데 머무는 능력을 주셨다.

어쩌면 내가 지금까지 짜릿한 기도응답을 수없이 받은 이유는 놀랍게 응답하실 하나님을 알고 믿으며 끊임없이 기도했기 때문인지도 모른다!

어느 날 강연을 위해 소형 비행기를 타고 산지를 넘어갈 일이 있었다. 그렇게 작은 비행기에 탑승해 본지가 하도 오래돼서 승무원에게 "고글과 헬멧도 주나요?"라고 물었다. 전면이 유리로 된 헬리콥터에 타는 느낌이었다.

이렇게 작은 비행기가 산지를 넘어가면서 난기류를 만나면 기체가 정신없이 흔들린다. 나는 점점 더 사색이 됐고 비행기에서 내리면 바로 강연을 가야했다. 얼굴이 파랗게 질릴수록 속은 더욱 메슥거렸다.

승무원이 괜찮은지 계속 물었고 나는 괜찮다고 대답했다. 하지만 절대 일어나서는 안 될 일이 일어나고 있다는 사실을 알았다.

비행기가 전후좌우로 흔들리는 상황이 심히 염려되어 주님께 목적지까지 안전히 도착할 수 있도록 해달라고 기도했다. 다행히 안전히 목적지에 도착했다. 하지만 비행기에서 내릴 때 내 얼굴은 백짓장처럼 창백했다. 이제 곧 토한다는 사실을 알면서 품위와 "영성"을 잃지 않으려고 시도해본 적이 있는가? 한번 해 보라. 안 된다.

비틀거리며 비행기에서 내려 나를 초청한 교회의 담임목
사님을 만났을 때, 내가 처음 한 말은 이것이었다.

"목사님 제가 지금 토하지 않게 기도해주세요, **지금 당장이
요!**"

내가 진심으로 하는 말임을 알아차렸기 때문에 목사님은
나를 정신 나간 여자 보듯 하지 않았다. 목사님이 내 손을 잡
았고, 우리는 공항에 서서 하나님의 치유의 손길이 내 뒤집힌
속을 어루만지시고 내게 평안을 주시기를 구했다. 시원한 물
이 흘러들어오듯 하나님의 능력이 내 안에 흘러들어왔고, 기
도의 능력이 분명하게 드러나며 기도응답이 내려와 메슥거림
이 완전히 사라졌다.

우연일까? 나는 그렇게 생각하지 않는다. 의심의 구름 너
머 나는 즉각적인 기도응답을 보았다.

크리스천이 되기 전에 나는 비행기 멀미를 많이 했다. 절
대 멀미를 하지 않겠다고 몇 번이고 결심했지만 내 결심과
상관없이 비행을 타고 나면 이틀은 꼬박 자리를 보전해야 했

다. 때문에 우연이 아니라고 단언할 수 있다. 하나님은 우리가 하나님 앞에 우리의 기도제목을 내려놓기를 기뻐하신다. 우리를 지극히 사랑하셔서 우리 기도에 응답하기를 원하시기 때문이다.

얼마 후 다시 같은 비행기를 타고 산지를 지나 집으로 돌아갈 때가 됐다. 이번에는 비행기에 탑승하기 전에 주님께 내 속이 뒤집어지지 않도록 지켜주시기를 기도했다. 정말로 비행 내내 속이 편안했고 조금도 메슥거리지 않았다. 하지만 …… 귀가 꽉 막혔다. 상공에서 귀가 막혀본 사람이라면 다 알겠지만 귀가 막히면 정말 아프고 불편하다.

그 정도 불편함은 평상시라면 개의치 않았겠지만 TV 출연 약속이 잡혀있었다. 귀가 꽉 막히면 목소리도 잠긴다.

귀를 막아도 보고, 코도 풀어보고, 껌도 열 개나 씹어봤다. 의자에 앉아 이쪽저쪽으로 고개를 기울여도 보고, 방송국에 갈 준비를 하면서 모든 방법을 다 시도해봤다.

그러다 문득 내가 얼마나 제정신이 아니었는지 깨달았다. 하나님은 그저 내가 문제 해결을 구하기만 바라실 뿐인데, 그

점을 놓치고 있었다. 나는 즉시 기도하며 고백했다.

"주님, 제가 정말 정신이 나갔나 봐요. 하나님께 구하기만 하면 받을 수 있는데 말이에요. 주님이 어떤 방법을 쓰실지 저는 모릅니다. 그저 주님의 능력과 뜻을 알고 믿습니다. 주님, 제발 제 귀를 뚫어주세요."

당신도 이미 답을 알 테니 무슨 일이 일어났는지 굳이 말할 필요가 없을 듯싶다.
이번에도 우연이었을까? 아니다, 기도응답이다.

우리 집에서는 모든 것을 위해 끊임없이 기도한다. 흥미진진한 기도제목도 있고 어찌 보면 지루하다싶은 기도제목도 있다. 그 순간 긴급한 기도제목이 없으면 하나님이 우리를 위해 행하신 놀라운 일을 감사한다.
때로 무더운 여름날 시원한 계곡물에 발을 담그는 듯한 느낌으로 "주님, 찬양합니다."라고 고백하기도 한다. 주일 성경공부를 가르칠 때도 "주님, 찬양합니다."라고 고백하도록 한다. 인상을 있는 대로 찌푸리면서 "주님, 찬양합니다."라고 고백하는 사람은 없다. 때로 우리를 향한 주님의 선하심을 찬양하며 기도할 때도 있다.

어느 날 밤 저녁식사를 하고 있는데 우리 딸이 말했다.

"엄마, 정말 돈이 급하게 필요해요. 요즘 베이비시터로 일을 못했거든요. 이번 주 안으로 일을 못하면 주일에 헌금을 못 드려요."

"딸, 지금 당장 기도하자. 하나님께 이번 주가 끝나기 전에 베이비시터로 일을 할 수 있도록 자리를 마련해주셔서 주일 헌금을 준비할 수 있게 해달라고 구하자."

우리는 바로 식사를 중단하고 하나님께 베이비시터가 필요한 누군가의 어깨를 톡톡 두드리시고 그 사람에게 조안의 능력을 기억하게 해달라고 구했다. 기도에 응답하시는 하나님께 감사를 드리고 누가 전화를 할까 기대하며 기다렸다.

저녁식사가 다 끝나기도 전에 전화벨이 울렸다. 그렇다, 조안에게 그 주말에 아이를 봐달라고 부탁하는 전화였다.

앞서 언급한 대로 우리는 "주님, 이렇게나 빨리요?"라는 말을 자주 한다. 하나님은 긴박한 필요를 아시고 당장 응답하서야 하는 기도를 아신다.

"끊임없이 기도하라"는 주제의 이번 장에 실린 기도제목을 유심히 보면, 각 기도제목의 이면에 그런 제목을 내놓은 공통적인 이유가 있다. 하나님이 기뻐하시는 방법으로 하나님을 섬기기 위한 기도제목들이다.

나를 초청한 한 가정이 있었다. 내가 왜 초청을 받았는지, 그 집에 도착해서야 알게 됐다. 그 가정의 안주인이 주님을 만나고자 하는 여러 사람들을 불러 모으고 그리스도가 내 삶에서 행하신 일들을 나눠달라고 나를 청한 것이다.

나는 방문하는 도시마다 내 개인적인 간증을 나눈다. 평생 예배에 빠지지 않지만 종교의 감옥에 갇혀 살면서 그리스도와 그리스도가 주시는 자유를 전혀 알지 못한 채 살아가는 이들이 많다.

모임이 시작된 지 얼마 지나지 않아 주님이 누구를 위해 나를 부르셨는지 분명해졌다.

아름답고 재기 넘치며 성실하게 교회에 출석하지만, 그리스도와의 개인적인 관계는 누리지 못하는 자매였다. 쉽지 않는 상황이 되리라는 사실을 깨닫고 나는 즉각 기도를 시작했다. 이 자매는 오만했고 기회가 된다면 나를 완전히 만신창이로 만들 작정이었다. 하지만 하나님이 나와 함께 계시기 때문에 내가 과반수가 된다는 사실을 알지 못했다.

이 자매는 불쾌한 어조로 말했다.
"제가 크리스천이 아니라고 생각한다는 말씀이세요?"
이런 사람과 대화할 때 하나님의 은혜를 구하는 기도가 얼마나 필요한지 절감하면서, 나는 하늘 문을 거세게 두드리며 하나님의 영이 옳은 답을 보여주시기를 구했다. 그리스도께 그분의 사랑이 나를 통해 비춰 그리스도를 개인적으로, 인격적으로 알아야 하는 이 자매에게 닿기를 구했다.

이 자매는 내게 온갖 질문을 던졌고 나는 계속해서 그 질문에 맞는 인도하심과 지식을 구했다. 그녀의 적대감이 느껴졌다. 아, 하나님의 사랑이 이 자매가 쳐놓은 장벽을 허물어뜨리기를 얼마나 간절히 기도했는지! 신랄하고 잔인한 말을 퍼붓는 이 자매를 언어로 때려눕히고 싶은 충동으로 내 본능,

내 자아, 그 무엇이든 튀어나오지 않게 해달라고 끊임없이 기도했다.

하나님의 영이 나를 온전히 감싸고 있어 어떤 악도 나를 해하지 못했고, 세 시간 동안 끊임없이 천국 문을 두드린 끝에 그날 저녁은 실로 아름답고 놀랍게 마무리됐다. 자리를 뜨기 위해 일어섰을 때, 나는 기도의 원을 만들어 함께 기도하자고 제안했다. 기도의 원이란 손을 잡고 함께 기도하는 것이다. 하나님의 능력이 방안에 있는 모든 이들을 감전시킬 수 있다고 믿기 때문에 그런 제안을 했다. 강한 그리스도의 용사한 사람으로부터 이 능력이 흘러가 함께 원을 이루고 있는 약한 자들을 강하게 할 수 있다. 기도 가운데 손을 맞잡을 때 함께 하는 이들에게 역사가 일어난다.

나는 언제나 성령님이 인도하시는 대로 기도한다. 때로는 순서대로 기도하기도 하지만 특별한 순서를 정하지 않고 한 사람씩 기도하기도 한다. 기도를 시작했는데 갑자기 저녁시간 내내 반발하던 그 자매의 목소리가 들려왔다.

"거짓 교만이 제가 크리스천이 되지 못하게 방해하고 있다면 저를 용서해주세요. 제가 크리스천인지 아닌지 저는 알지 못합니다. 주님, 주님을 지금 이 시간 제 삶에 초청합니다. 제 죄를 용서해주시고 무엇보다 이 밤에 제게 주님의 사랑을 보여주려 애쓴 분에게 제가 범한 죄를 용서해주세요."

그 기도를 듣고 그 방에 있던 모든 사람이 눈물을 흘렸다. 당연히 나는 용서할 것이 하나도 없었다. 그리스도가 이미 용서하셨기 때문이다. 하지만 그날 끊임없이 기도하지 않았다면 무슨 일이 벌어졌을까? 다른 사람과 이야기하면서 성령님의 인도하심을 구하면 어떤 일이 일어나게 될까?

어느 금요일, 인근 플로리다 주에 약속된 주말 강연을 위해 사무실을 나서려는데 하늘에 구멍이 뚫린 듯 비가 억수같이 쏟아지기 시작했다. 플로리다 주 남부에 토네이도 경보가 내려졌고 비행기가 과연 뜨나 할지 걱정이 됐다.

그 주말에 나는 소규모 독립 항공사를 이용할 예정이었다. 기편이 많지 않은 시각에 항공기를 운항해 필요할 때 많은 도움을 받았던 항공사였다. 하지만 천둥소리를 듣고 사무실 창

밖으로 내리치는 번개를 보고 있자니 정말 주님이 작은 비행기를 타고 내가 이동하기를 바라실까 하는 의구심이 들었다.

그래서 기도했다.

"주님, 찬양합니다. 모든 것을 감사합니다. 주님을 사랑하는 자들에게는 모든 것이 합력하여 선을 이룹니다. 하지만 주님, 정말 저를 작은 비행기에 태우고 싶으세요? 그러시다면 저는 좋습니다. 주님이 저를 목적지에 안전하게 도착하게 하실 줄 믿으니까요. 또 주님이 이번 주말 제가 브레이든턴에 가기를 원하신다는 것을 아니까요."

계속 비가 쏟아졌고 공항으로 가는 고속도로가 완전히 침수됐다는 소식을 들었다. 항공사에 전화했더니 무슨 이유에선지 내가 탑승객 명단에서 빠졌고 목적지까지 가는 유일한 방법은 원래 예약한 항공편보다 일찍 출발하는 이스턴 항공 노선을 이용하는 것뿐이었다.

"주님, 찬양합니다. 모든 것을 감사합니다. '하나님을 사랑하는 자에게는 모든 것이 합력하여 선을 이루느니라' (롬 8:28)고

하셨습니다." 나는 진심으로 이 말씀을 믿는다.

시계를 보면서 우리 아들 톰에게 전화를 걸어 공항까지 데
려다 달라고 했다. 비가 너무 세차게 와서 나는 절대 운전을
할 수가 없었다. 사무실 문에서 차까지 3미터 남짓 뛰었을 뿐
인데 그 몇 초 만에 온몸이 흠뻑 젖고 말았다.

예정보다 이른 기편을 이용할 생각이었기 때문에 옷을 갈
아입을 시간도 없었다. 톰이 운전하는 차가 몇 블록 떨어진
우리 집에 도착하자마자 차에서 달려나와 트렁크를 들고 다
시 차로 달려갔다. 안 그래도 온몸이 젖어 있는데 트렁크를
들고 나오는 동안 속옷까지 완전히 다 젖어버렸다. 여행을 위
해 정성들여 손질한 머리는 축 늘어져 물이 뚝뚝 떨어졌다.
옷도 물에 담근 듯 젖어버렸다. 니트를 입고 속옷까지 젖도록
비를 맞아본 적이 있는가? (볼만 하다!)

강연 시간에 맞춰 도착할 유일한 방법은 본래 예약한 비행
기보다 일찍 출발하는 비행기를 타는 방법밖에 없다는 사실
을 깨닫고 손을 씻을 시간도 없이 움직이느라 손에 잉크를 묻
힌 채 강연에 나선 적이 있는가? (당신이 나처럼 인쇄업을 한다면

말이다) 옷을 갈아입을 시간이 없어서 줄이 간 스타킹에 사무실에서 신던 편한 신발을 그대로 신고 강연을 위해 비행기를 탄 적이 있는가? 내가 그랬다.

그러면서 계속 이렇게 고백했다.

"주님, 감사합니다. 저는 이런 상황을 다 이해할 수 없지만 주님을 사랑하는 자 곧 그의 뜻대로 부르심을 입은 자들에게는 모든 것이 합력하여 선을 이룸을 압니다."

아들이 운전을 하는 데도 비 때문에 전혀 속도가 나지 않았고, 절대 이륙 시간에 맞출 수 없다는 생각이 들었다. 나는 계속 기도했다.

"주님, 주님은 제가 브레이든턴에 갈 수 있는 방법이 달리 없다는 것을 아십니다. 제가 공항에 도착할 때까지 그 비행기를 잡아주세요. 이런 날씨 때문에 제 시간에 도착할 수 없다는 것도 주님은 아십니다."

나는 하나님이 비행기도 통제하신다고 확신한다. 내가 마이애미 국제공항에 이륙시각보다 11분 늦게 도착했을 때 상황이 어땠는지 아는가? 비행기는 여전히 지상에 있었고 이륙 시간이 4시 30분으로 미뤄졌다!

카운터로 달려가 물었더니 만석이라고 했다. 대기자 명단에만 이름을 올릴 수 있는데 대기자가 나까지 마흔 한 명이었다.

"주님, 감사합니다. 주님을 사랑하는 자에게 모든 것이 합력하여 선을 이룹니다."

그리고 계속 기도했다.

"하지만 제가 지금 브레이든턴에 갈 수 있는 유일한 방법은 저 비행기를 타고 가까운 공항으로 가는 방법 밖에 없다는 거 잘 아시죠? 그러니 제가 대기자 명단에서 가장 먼저 호명될 방법을 찾아주셔야 해요."

흠뻑 젖어 엉망인 채로 서서 나는 하나님이 나를 부른 교회에 가서 강연을 하기를 원하신다고 굳게 믿었다. 믿음으로 기도하고 끊임없이 기뻐하고 모든 것을 감사하며 나는 행운의 대기자로 곧 내 이름이 불린다는 사실을 알았다.

어떻게 알았는지 묻지 마라. 나도 하나님이 어떻게 역사하시는지 이해하지 못한다. 그냥 하나님이 역사하심을 믿는다.

항공사에서 대기자 중 내 이름을 가장 먼저 불렀다. 대기자 중 몇 명만 탑승을 했는데 내 이름을 가장 먼저 불렀다.

정말 흥분이 됐다. 나는 큰 기대를 품고 비행기에 올랐다. 하나님이 분명 선한 이유로 나를 이 비행기에 태우셨음을 알았기 때문이다. 그 비행기에 하나님이 나와 이야기를 나눌 사람을 예비하셨다고 믿었다. 기대에 차서 자리에 앉아 대화가 시작되기만 기다렸다. 내 자리 양 옆으로는 두 남성이 타고 있었는데 그 중 어떤 사람이 하나님이 예비하신 사람일지 궁금했다.

"주님 주님이 마음을 준비하신 사람이 둘 중 누구입니까?"

답을 듣지 못했지만 먼저 오른쪽에 앉은 사람에게 말을 붙여봤다. 벽도 이런 벽이 없었다! (설마 나한테도 그러랴 생각할지 모르지만 정말 그랬다) 몇 분 후 이번에는 왼쪽에 앉은 사람을 예수 그리스도의 온 군대를 동원해 공략해보기로 했다. 오른쪽에 앉은 사람이 벽돌로 지은 벽이라면 이 사람은 암석으로 지은 벽이었다.

"주님, 이제 저 어떻게 합니까?"

젖은 머리에 쭈글쭈글한 옷 상태가 목적지에 도착할 때까지 달라지지 않았다. 나를 초대한 교회의 목사님께 전화를 걸었다. 목사님은 교회가 공항에서 리무진 버스로 1시간 30분 거리라며 공항에서 나오자마자 바로 리무진을 타라고 설명했다.

밖으로 달려 나와 보니 리무진이 방금 떠난 터였다. "주님, 찬양합니다." 다음 리무진이 출발할 때까지 30분을 기다려야 한다는 안내를 받았다. 다시 목사님께 전화를 걸어 리무진에 탔으니 아무 염려 마시라고 말씀드려야겠다는 생각이 들었다. 리무진에서 내려서 전화를 걸고 리무진으로 돌아와 보니 청년 셋이 타고 있었다.

브레이든턴을 향해 리무진이 출발하고 다섯 블록도 지나

지 않아 마침내 나는 예정된 일정대로 여행을 하지 못한 이유를 알았다. 하나님이 비행기에 탑승한 승객의 마음을 예비하시지 않았다. 대신 전혀 다른 삶의 여정을 거친 세 명의 청년을 진정한 기독교 광신도와 한 차에 태우셨다!

이들과 나눈 첫마디에서부터 나는 젊은 유대인 변호사, 베트남전에서 돌아온 군인, 그리스도께 "등을 돌린" 기독교 학교 학생 세 사람에게 복음을 전할 기회를 얻었다. 하나님이 내가 버스에 오르기 전에 이미 놀라운 일을 행하셨고, 하나님께 필요한 것은 하나님이 사용하실 입술이라는 점을 기억하며 나는 이들과 이야기를 나누면서 계속 기도했다.

그리스도가 내 삶에서 행하신 일들을 나누는 동안 하나님의 영이 리무진을 완전히 감싸는 실로 기이한 경험을 했다. 나는 기도하고 나누고, 나누고 기도했다. 주님이 진정 필요한 세 청년이 내 앞에 있었다. 이들은 끊임없이 질문을 던졌고 주님이 필요한 답을 공급하셨다.

갑자기 리무진 기사가 말했다.

"부인, 5분 후에 첫 승객이 내리십니다!"

나는 "형제님, 감사합니다." 라고 했다.

하나님이 그리스도 안에서 한 형제 된 자를 이들의 영혼을 위한 기도의 용사로 보내셨음을 알았기 때문이다. 그 형제가 내게 이들과 기도하며 그리스도를 영접하게 하려면 5분이 남았으니 정리하라고 알려준 것이다.

나는 하늘로 이어진 핫라인을 두 배 강력하게 가동했다. 청년들에게 하나님께 이들의 죄를 용서해주시기를 구하고, 그리스도가 이들의 마음에 오셔서 각 사람을 통해 사시기를 구하는 아주 간단한 죄인의 기도를 할 테니 고개를 숙여달라고 청했다. 마음으로 원하면 조용히 나를 따라 기도하라고 했다.

리무진 전체가 하나님으로 충만해서 그 누구도 하나님의 임재를 부인하지 못했다.

기도를 마쳤을 때 리무진 기사의 입에서 어디서도 들어보지 못한 아름답고 거룩한 목소리로 요한복음 3장이 흘러나왔다. 하나님의 영이 그 자리에 있는 모든 사람을 완전히 채우

서서 기사의 암송이 끝날 때까지 모두가 숨을 죽이고 있었다. 암송을 마친 후 기사가 말했다. "저는 은퇴한 사역자입니다. 47년 간 사역을 했죠. 리무진에 타서 첫 마디부터 그리스도에 대해 이야기하기 시작해서 끝까지 쉼 없이 이야기한 분은 당신이 처음입니다!"

그 자리에 함께 한 기사가 안수 받은 하나님의 사역자라니 정말 웃음이 터져 나왔다. 하나님이 내게 맡기신 일을 뒷받침하라고 그분을 보내주셨다.

그 버스에 함께 탄 청년 중 한 사람은 내가 탑승하지 못한 그 비행기의 탑승자 명단에서 나처럼 느닷없이 이름이 빠진 사람이었다. 이제는 그 이유를 이해하게 됐다고 말했다.

베트남에서 돌아온 젊은 군인은 왜 하나님이 자신을 전투에서 살려두셨는지 깨닫게 됐다고 고백했다.

유대인 변호사는 그리스도를 영접하지 않았지만 그의 두 눈에서 흘러내리는 눈물을 보며 성령님이 분명 그에게 역사하고 계심을 확신했다.

나를 초대한 교회에서는 어떤 일이 일어났는지 굳이 설명할 필요가 있을까?

옷은 엉망진창에 머리는 눌어붙고 손에는 잉크가 잔뜩 묻어 있었지만 나는 주님께 기도했다.

"주님, 사람들이 저를 보지 않게 해주세요. 오직 저를 통해 사시는 그리스도만 보게 하셔서 이런 사소한 것들은 눈에 들어오지 않게 해주세요."

하나님은 그 기도에도 응답하셨다. 하나님을 신뢰하고 그분의 말씀을 믿은 결과 내가 경험한 짜릿함과 흥분이 온 성도들을 휩쓸었다! 다시 한 번 데살로니가전서 1장의 말씀을 읽으며 이제 이 말씀이 또 다른 의미로 다가오지는 않는지 보라.

"항상 기뻐하라 쉬지 말고 기도하라 범사에 감사하라 이것이 그리스도 예수 안에서 너희를 향하신 하나님의 뜻이니라"

이렇게 할 때 당신에게 어떤 일이 일어나는지 보라!

제7장

매사에 기도하라

Hotline To Heaven

"진실로 다시 너희에게 이르노니 너희 중의 두 사람이 땅에서 합심하여 무엇이든지 구하면 하늘에 계신 내 아버지께서 그들을 위하여 이루게 하시리라"(마태복음 18:19)

말씀의 가장 흥미진진한 증거를 캘리포니아 여정에서 경험했다. 여정 전체가 기도의 결과였고 하나님이 여정의 모든 걸음을 인도하셨다. 하나님이 우리 삶의 모든 영역에 지대한 관심을 가지고 계시는데, 왜 우리는 우리가 **모든** 문제를 직면할 때마다 하나님께 옳은 답을 구하며 하나님을 청하지 않는지 이해가 되지 않을 때가 많다.

앞서 말한 대로 전에 나는 하나님은 큰일을 위해 아껴둬야 한다고 생각했다. 그러다 하나님이 우리 삶 전체에 관심을 가지고 계시니 하나님께 가장 사소한 일에 대해서도 도움을 청할 수 있다는 사실을 깨달았다.

왜 캘리포니아로 부르시는지 알지 못했지만 나는 하나님께 이유를 묻지 않는다. 하나님이 캘리포니아로 가라고 나를 부르셨다는 것을 알았으니 갈 계획을 세웠다. 먼저 설명할 것이 있다. 나는 항상 맹렬한 속도로 일하고 움직인다. 이곳저곳 강연을 다니고, 인쇄회사를 운영하고, 가정을 돌보고, 교회에서 적극적으로 섬기며 정말 맹렬히 **움직인다!**

나는 왕을 섬긴다. 그리고 왕의 대사로서 가능하다면 왕비 같은 모습을 갖추려고 노력한다. 서부로 가기 전에 옷을 몇 벌 사기로 마음먹었다. 하지만 그때나 지금이나 쇼핑을 할 짬이 나질 않는다.

게다가 나는 쇼핑이 시간 낭비인 것 같아서 쇼핑을 싫어한다. 설상가상으로 이 책을 쓰고 있는 지금 내 사이즈는 88이다. 그렇게 큰 사이즈의 몸에 걸쳐서 날렵하게 보이는 의상을 찾는 일은 결코 쉽지 않다.

대부분의 의류 제조업체들이 큰 체구의 여성을 싫어하는 게 아닌가 싶다. 우리를 촌스럽게 만들든지, 아줌마처럼 보이게 만든다.

캘리포니아로 떠날 때까지 한 주밖에 남지 않았을 때도 옷을 한 벌도 마련하지 못했다. 그래서 초조해했을까? 아니다. 그냥 기도했다. 내가 어떻게 기도했는지 알고 싶은가?

"주님, 제가 게을러서 단장도 하지 못하는 사람 같은 모습으로 캘리포니아에 가길 원치 않으시죠? 주님을 대표하는 사람으로서 제가 다 낡은 옷을 입길 바라지 않으시죠? 그런데 제가 출발하기 전에 쇼핑을 하러 갈 시간이 없다는 것도 아시잖아요. 그러니 주님, 제발 이 문제를 해결해주시고 새 옷을 구할 수 있게 해주세요."

솔직하게 당신이라면 새 옷을 구하며 기도하겠는가? 솔직하게 하나님이 그런 기도에 응답하실 것이라고 믿는가? 위의 문단을 다시 한 번 읽으면서 내가 새 옷을 구한 이유가 무엇이었는지 살펴보라.

"주님, 제가 옷을 얼마나 좋아하는지, 옷들이 제게 어떤 의미인지 잘 아시죠?"라고 기도했다면 주님은 분명 내 요청을 무시하셨을 것이다.

하지만 내 바람은 왕의 대사처럼 보이는 것뿐이었다. 주님이 내 기도에 응답하심을 아는 데서 오는 평안함을 누리며 나는 아무 걱정 없이 책상 위에 산더미처럼 쌓인 서류들을 처리했다.

다음 날 아침 친구에게서 전화가 왔다.

"프랜시스, 캘리포니아에서 입을 옷을 준비하셨어요?"

나는 조용히 "주님, 감사합니다,"라고 고백했다. 답이 찾아왔음을 알았기 때문이다.

"아뇨, 옷을 사러 갈 시간을 아직도 못 냈네요."

"얼마 전부터 새로 오픈한 의류 매장에서 일을 하고 있는데 지난주 토요일 패션쇼가 있었거든요(패션쇼에서 입은 22나 33 사이즈 옷이 내게 무슨 소용이 있을지 의아했다). 모델들 사이즈가 88이었어요. 패션쇼에서 입었던 옷은 한 번 착용했기 때문에 50% 할인가에 판매하고 있어요."

나는 전화를 끊자마자 사무실에서 달려 나가 차에 시동을 걸었다.

"주님, 가장 사소한 일까지도 해결해주시니 감사합니다."

나는 바로 매장으로 가서 한 시간 반 만에 멋진 옷을 한 벌도, 두 벌도 아닌 열 벌이나 구입했다. 한 해 동안 강연마다 입어도 부족하지 않을 만큼 많은 옷들을 반값에 샀다! 한 번에 열 벌이나 옷을 구입하다니 사치스럽다고 생각할지 모르지만 여행을 하며 강연을 할 때 가장 신경이 쓰이는 부분이 바로 옷이다.

하나님이 내 겉모습까지 신경을 쓰신다는 사실에 얼마나 신이 나는지!

캘리포니아로 출발하는 날 밤, 강연 약속이 있었다. 그래서 아들이 나와 함께 내가 말씀을 전할 교회로 갔다가 바로 공항으로 나를 데려다줬다. 그때부터 내 생애 가장 흥미진진하고 기도가 넘치는 여행이 시작됐다.

캘리포니아까지의 비행은 평이했다. 나까지 비행기에 승객이 네 명밖에 없었고 모두 비행 내내 잠을 잤다. 캘리포니아에 착륙한 시각은 새벽 3시였다. 일단 모텔로 가서 잠시 쉬

기로 했다. 그날 정오에 캘리포니아 풀러톤에서 일정을 시작
하기로 했다.

나는 그 때 로스앤젤레스 공항에 처음 가봤다. 그래서 로
스앤젤레스 공항이 얼마나 큰지, 처음 가보는 사람에게 얼마
나 헷갈리는지 몰랐다. 전쟁 중에 (우리 아이들은 남북전쟁 때가
아니냐고 하지만 남북전쟁이 아니라 제2차 세계대전 때다) 캘리포니
아에 잠시 산 적이 있었지만 25년 동안 너무나 많은 것이 달
라져서 나는 처음 가보는 사람이나 마찬가지였다.

첫날 「하나님이 빚으신 여인들(Cameos, Women Fashioned by
God)」의 저자 헬렌 호이저의 초청을 받아 풀러톤 크리스천 여
성클럽에 가기로 했다. 로스앤젤레스의 근거리 소형 여객기
서비스에 대해 전혀 알지 못한 상태여서 일단 공항에 가서 언
제 비행기가 출발하는지 확인하고 헬렌에게 전화를 걸어 언
제 어디서 만날지 약속을 하기로 했다. 택시기사가 내가 타야
할 항공사가 아닌 다른 항공사 쪽에 나를 내려주는 바람에 거
대한 공항에서 길을 잃었고, 결국 트렁크 다섯 개를 들고 털
털거리는 버스에 올랐다. 간신히 항공사를 제대로 찾아 풀러

톤으로 가는 다음 비행기가 언제 출발하는지 물었더니 이런 답이 돌아왔다.

"3분 후요. 달려보시겠다면 제가 비행기를 붙잡아두겠습니다."

포터가 내 짐을 들었고 나는 전속력으로 달리기 시작했다 (그래도 그렇게 빠르지는 않았다).

"주님, 그리스도께서 제 삶에서 행하신 일을 나누기 전에는 심장마비로 쓰러지지 않게 해주세요."

나는 즉시 속도를 늦췄고 안전히 소형 여객기까지 도착했다.

내가 캘리포니아에 도착했을 때 캘리포니아는 우기였다. 평생 그렇게 많이 비가 내리는 모습을 본 기억이 없다. 소형 여객기는 정말 작아서 비행이 시작되니 얼마나 비가 세차게 오는지, 얼마나 비행기가 작은지 그대로 느껴졌다.

창으로 내려다보니 아래로 태평양이 보였고 (꽤나 가까워보였다) 비가 쏟아지고 번개가 치는 모습이 보였다.

"주님, 여기서 그대로 철퍼덕 떨어져도 저는 괜찮습니다.

하지만 주님께 어느 쪽이든 상관이 없으시다면 이 작은 비행기를 풀러톤까지 안전하게 지켜주시겠어요?"

이렇게 기도하고 나서는 하나님이 그 상황을 통제하심을 알고 긴장을 풀었다. 로스앤젤레스에서 풀러톤까지 20분이 걸린다. 절반쯤 갔을 때 황급히 움직이느라 헬렌에게 전화를 하지 않았다는 생각이 번뜩 들었다. 헬렌이 마중을 나오지 않으면 크리스천 여성클럽에 제 시간에 갈 수도 없다는 사실을 알고 있었다. 그래서 다시 하나님의 능력을 구했다.

"주님, 헬렌이 제가 캘리포니아에 도착했고 지금 이 비행기에 타고 있다는 사실을 알아야만 합니다. 주님만이 하실 수 있는 방법으로 그리스도 안에서 한 자매된 헬렌에게 제가 이 비행기에 타고 있다고 알려주세요."

같은 시각 헬렌의 집으로 가보자. 헬렌은 그날 내가 도착한다고 알고 있었기 때문에 마지막으로 집을 정리하고 아침식사를 하기 위해 식탁에 앉았다. 기도의 용사인 헬렌은 내가 안전하게 캘리포니아까지 오게 해달라고 하나님께 기도했다.

그런데 아침식사를 시작하기도 전에 하나님의 영이 말씀하기 시작하셨다. 헬렌은 과일 접시를 치우며 카탈리나 항공에 전화를 걸어 다음 항공기가 언제 도착하는지 확인해야겠다고 혼잣말을 했다. 그리고 전화를 걸어 "정확히 10분 후 도착입니다"라는 답을 들었다.

"주님, 프랜시스가 그 비행기에 타고 있다는 것을 알게 하시니 감사합니다." 헬렌은 우비를 입고 우산을 챙겨 차로 달려가 공항으로 향했다. 우리는 세세한 것까지 약속이라고 한 듯 정확한 시각에 공항에서 만났다.

차에 올라 헬렌의 집으로 가는 중에 헬렌이 물었다.
"비행기가 착륙하기 10분쯤 전에 내가 당신을 만나러 나오게 해달라고 기도하셨어요?"
우리의 영이 서로 증거 할 때 하나님이 영이 우리를 만나주셨다는 사실을 깨닫자 온몸에 소름이 돋았다. 단순한 우연이었을까? 하나님이 기도에 응답하셨다고 믿기를 바란다!

하나님은 캘리포니아 해안을 따라 바삐 기도에 응답하시

면서 동시에 플로리다에서 내 개인적인 일까지 챙기셨다. 나는 방 여덟 개, 화장실 세 개에 수영장까지 있는 큰 집에서 아주 오랫동안 살았다.

내가 크리스천이 되고 첫 3년 간 주님은 우리 집을 훈련장으로 사용하셨다. 수많은 청년들을 우리 집에 맞아들여 그리스도의 사랑을 나눴다. 네다섯 명이 동시에 우리 집에 머무는 때도 있었다. 하지만 큰집이 필요한 시기는 지났다고 주님이 말씀하시는 듯 했다.

강연을 다니며 보내는 시간이 점점 더 늘어났고, 집에 남아 있는 가족은 10대의 딸뿐인데 우리 딸도 가능하면 나와 함께 움직였다. 그래서 주님이 대저택을 꾸리는 데 필요한 비용이나 부담이 더 이상 필요치 않다고 결정하시고, 내 마음에 그 집을 팔고자 하는 바람을 두셨다는 생각이 들었다.

그때까지 집을 팔 생각이 있냐고 누군가 내게 물으면, 나는 "절대 아니요!"라고 대답했을 것이다.

그 집은 우리 딸이 병원에서 태어나 돌아온 집이고, 내 결혼식 부케를 장식한 난을 창 아래 옮겨 심어놓은 집이고, 그리스도가 내 삶의 실체가 되셨을 때 내가 살고 있던 집이다. 주님이 나를 사용하셔서 수백 명의 영혼이 그리스도를 만난 집이자, 어린 크리스천들이 기도를 배운 곳이며, 수많은 이들의 삶이 변화를 받은 곳이다.

하지만 우리가 그리스도 안에서 성장해가면서 주님은 우리보다 앞서 가시며 "이제는 네가 이렇게 할 준비가 됐다." 혹은 "너를 이 영역에 사용하고 싶다."고 말씀하신다.

하나님이 나를 위해 예비하신 것에 나는 한 번도 토를 달지 않았다. 하나님이 나보다 훨씬 더 똑똑하시니 하나님이 나를 위해 세우신 계획이 무엇이든 내가 꾸며낼 수 있는 계획보다 훨씬 좋다.

캘리포니아로 떠나기 직전에 우리 집을 부동산 업자에게 내놓으며 기도했다.

"주님, 이 집을 팔기를 원하신다면 제가 캘리포니아에 있는 동안 팔아주세요. 다른 사람이 '이게 마음에 안 들어요. 이게 싫어요,' 하는 소리를 듣고 제가 상처받지 않게요!"

캘리포니아에 도착한 이튿날 집을 사겠다는 제안을 받았다. 이틀 후 집을 사겠다는 의사가 확실한 사람이 둘로 늘어났다. 모두 내가 원하는 가격을 맞추겠다고 했다. 하나님은 부동산 사업도 하시는 게 분명하다. 의심의 여지가 절대 없다.

캘리포니아에서 계약서에 서명을 하고 3주간의 일정을 마무리하고 집으로 돌아갔다. 막상 도착해보니 우리가 16일 내에 이사를 해야 한다고 했다. 한 집에 16년간 살면 물건이 얼마나 많이 쌓이는지 아는가? 그런데 16일 안에 이사를 나가야 한다는 말을 들으면 얼마나 할 일이 많은지 까마득해지면서 혼자서 척척 잘하는 사람도 허둥지둥하게 된다.

게다가 나는 혼자서 척척 잘하는 사람도 아니다. 이 소식을 듣고 나는 기도했다.

"주님, 마이애미 주택 상황은 주님이 다 아시죠. 저희가 들어갈 만한 아파트가 거의 없습니다. 하지만 주님이 원하신 대로 행했습니다. 그러니 이제 주님 앞에 제 모든 필요를 내려놓습니다."

고려해야 할 상황이 몇 가지 있었다. 우리 딸이 다니는 고등학교와 가까워야 했다. 일하는 엄마로서 아이들이 필요할 때 수시로 나를 만날 수 있으려면 내 사무실과 집이 걸어 다닐 수 있는 거리에 있어야 했다.

그 외에도 사무실을 확장해서 기존 사무실을 옮기는 과정이 진행되고 있었기 때문에 새집은 새로운 사무실과도 가까워야했다.

내가 당황해서 아무렇게나 결정을 내렸을 거라고 생각하는가? 그렇게 하지 않았다. 나는 이러한 기도제목을 하나님께 내어드리고 손을 뒤집어 손바닥을 아래로 향하게 하고 그대로 팔을 내렸다. 밖으로 나가 차에 올라타서 이렇게 기도했다.

"주님, 제게 해야 할 일들이 산더미처럼 많고 또 주님을 섬기는 사람이라는 것을 주님이 아십니다. 그러니 제 차를 제가 살기를 원하는 곳으로 인도해주세요."

내가 섬기는 놀라우신 하나님이 이 상황을 완전히 제어하시고 계시다는 온전한 확신으로 나는 시동을 걸었다.

당신은 이번에도 역시 우연이라고 말할지 모르지만 주님이 내 차를 새로운 복층 아파트 건설 현장으로 인도하셨다. 집을 구입할 생각은 없었지만 일단 당분간은 아파트에 거주하는 것이 좋겠다고 생각했던 터였다. 나는 차에서 내려서 혹시 남아있는 아파트가 있는지, 가격은 어떻게 되는지 물었다.

임대료는 내가 예상했던 딱 그 수준이었다. 하지만 임대가 모두 끝났다고 했다. 그런데 곧 완공이 되는 아파트 한 채가 아직 임대가 되지 않았다고 했다.

완공일이 언제였는지 아는가? 내가 집을 비워줘야 하는 그날이었다. 하나님은 아파트 임대업까지 하신다!

다시 캘리포니아로 돌아가서 그곳에서의 기도 경험을 조금 더 나눠보자. 내가 캘리포니아에 머무는 동안 밤낮으로 비가 왔다. 정말 하늘에 구멍이라도 난 듯 비가 쏟아졌다!

아름다운 주택들이 진흙더미와 흙탕물에 파묻혔고 재난 상황이 끝나지 않았다. 빗물이 하나님의 백성의 영적 상태를 보고 흘리시는 하나님의 눈물로 느껴졌다.

그렇지만 하나님은 내가 그분의 놀라운 말씀을 나눌 때마다 추수를 허락하셨다.

산디에고에 갈 일정까지 잡혔는데 홍수 때문에 한 곳을 제외하고 모든 자유로가 폐쇄됐다. 그 한 곳도 군데군데 침수가 되어 그 도로로 여행을 하는 것도 권할만한 상황은 아니었다. 하지만 출판사 담당직원과 그 부인과 나는 그 도로를 통해 산디에고로 안전하게 여행하게 해주시기를 하나님께 기도했다. 그 도로를 따라 차를 몰면서 우리는 찬양했다.

"하늘의 빛 영광의 빛으로 우리 영혼에 **흘러넘치게** 하시네"

그러다 배꼽을 잡고 웃었다. 우리가 "흘러넘치게" 라는 구절을 부를 때 우리 눈앞에는 물이 흘러넘쳐 띠처럼 가늘게 남아있는 도로 외에 온통 물밖에 없었기 때문이다.

많은 이들이 비가 그치기를 기도했는지 물었다. 그런데 이상하게도 그런 기도가 나오지 않았다. 내 마음에 비가 그치기를 기도해야 한다는 부담이 느껴지지 않았기 때문에 질문을 받을 때마다 매번 솔직하게 "아니요!"라고 답했다.

오후에 산디에고에 도착해서 그날 밤 강연을 마치고 숙소로 돌아와서야 비가 그치기를 기도해야겠다는 부담이 느껴졌다.

그때까지 60일을 쉬지 않고 비가 왔다. 그런데 그때가 돼서야 햇빛을 보여 달라고 기도해야 할 때가 됐다는 감동이 왔다. 그래서 하나님께 지금까지 하늘의 햇살을 넘치게 보여주셨으니 이제 자연의 햇살을 조금만 보여주시기를 구했다. 그리고 내일 아침 떠오를 태양을 기대하며 잠자리에 들었다.

다음날 아침 TV 출연이 잡혀 있었다. 아침 일찍 일어나 방송국으로 갔다. 프로그램 출연자들과 잠시 이야기를 나눴다.

호텔 방을 나서기 전 나는 하나님께 그날 내가 누군가에게 축복이 되게 해주시기를, 하나님이 내가 만나기를 바라는 사람의 마음을 준비해주시기를 기도했다. 재미있는 사실은 그 사람이 누구인지 나는 몰랐다는 것이다! 주님이 그날 행하실 일에 나는 제대로 준비가 되지 않았는지도 모르겠다. 나는 쇼 진행자와 기상 캐스터, 뉴스캐스터와 이야기를 나눴다.

내가 깨달은 한 가지는 크리스천은 특히 "우스꽝스러운 크리스천 노부인"은 세상의 방송 프로그램에 잘 맞는 경우가 극히 드물다는 것이다. 크리스천은 대개 아무도 보지 않는 화면 조정 시간에나 출연한다. 진행자가 "성함이 어떻게 되시죠?" "대체 여기서 무엇을 하고 계신 겁니까?"라고 물어볼 때쯤이면 그 크리스천은 프로그램에서 모습을 감추고 그렇게 그의 방송분량은 끝이 난다.

하지만 그날 아침 진행자와 이야기하면서 나는 역사하시는 하나님을 느꼈다. 진행자가 PD에게 "이 분 순서를 가장 마지막으로 잡아!"라고 했기 때문이다. 가장 마지막 순서가 프로그램에 가장 중요한 순서다. 나는 기도했다.

"주님, 주님은 정말 모든 것을 놀랍게 조율하시는 분이십니다."

그날 쇼의 진행자와 이야기를 나누는 동안 그의 삶 가운데 하나님 모양의 빈자리가 느껴졌다. 예수 그리스도와의 개인적인 관계로 채워야 할 그 자리가 고스란히 비어 있었다. 진행자가 내게 날씨에 대해 물었을 때, 나는 온전한 믿음을 가지고 이렇게 답했다.

"오늘은 비가 올 것 같지 않습니다. 제가 캘리포니아에 온 이후 처음으로 비가 그치기를 기도했거든요."

그리고 무슨 일이 일어났는지 들어보라. 쇼가 시작됐고 기상 캐스터가 비가 올 것으로 예상된다고 보도했다. 그때 진행자가 도저히 믿기지 않는 말을 했다. "오늘 아침 「기막히게 멋진 하나님 (God Is Fabulous)」의 저자를 게스트로 모셨습니다. 지금 이 분이 제게 하나님이 오늘 햇살을 보게 해주실 거라고 말씀하셨는데요. 어떻게 생각하십니까?"

그러자 기상 캐스터가 말했다. "기상청에서는 오늘 '비' 라고 했는데요. 틀린 적이 한 번도 없었죠."

진행자가 이번에는 뉴스캐스터에게 내 기도를 어떻게 생각하느냐고 물었다. 그러나 그가 "저는 유보하겠습니다."라고 답했다. 하나님은 지금도 사람들을 사용해 교훈을 주신다.

쇼는 처음부터 끝까지 흥미진진했다. 나도 프로그램에 등장하는 게스트들을 보며 즐거운 시간을 보냈다. 그러면서 내내 온갖 상상을 다 해봤다. 할리우드의 모든 감독들이 내 인생 스토리를 영화로 만들자며 몰려드는 상상도 해봤다. 하지만 하나님의 계획은 달랐다.

내 순서가 되어 무대에 올라 진행자를 봤을 때, 내 눈에는 그의 삶에 채워지지 않은 빈자리만 들어왔다.

그 순간부터 다른 출연자들이 나를 어떻게 생각하는지는 전혀 신경이 쓰이지 않았다. 영적인 도움이 필요한 영혼만 보였다. 아마도 내 인터뷰는 가장 기이한 TV 인터뷰였을 것이다. 하나님이 예비하신, 진리를 찾아 헤매는 영혼이 추수를 위해 보냄을 받은 자와 이야기를 나누는 인터뷰였다.

진행자와 인터뷰를 하면서 나는 계속 전심으로 기도했다. 그리고 프로그램이 끝나기 전 진행자가 내게 물었다.

"당신이 가진 것을 가지려면 제가 어떻게 해야 합니까?"

다시 한 번 영적 소름이 뒷목을 타고 온몸으로 퍼졌다. 심장이 뛰었다. 시간이 다 됐기 때문에 서둘러 질문에 답했다.

"기도하고 그리스도를 당신의 마음에 모셔 들이고 하나님께 당신의 죄를 용서해달라고 구하세요!"

기상 캐스터가 마지막 일기예보를 위해 화면에 등장했다. 그런데 일기예보가 "비"에서 "맑음"으로 바뀌었다. 기상 캐스터는 창밖을 확인했더니 화창하더라고 보도했다.

그날 점심에는 크리스천 기업인 클럽인 CBM에서 강연을 하기로 했다. TV 프로그램이 끝나자마자 나는 진행자에게 "오늘 CBM 오찬에 오세요."라고 청했다.

"죄송합니다. 못 갑니다." 진행자가 답했다.

"아뇨, 올 수 있어요!"(이런 대화가 오가는 내내 속으로 기도했다.)

라디오 출연이 잡혀 있어서 바로 자리를 떴다. 기독교 방송국에서 진행하는 1시간짜리 라디오 프로그램이었는데 즐겁게 방송을 하고나서 나를 인터뷰한 로저라는 진행자에게 직전 출연했던 TV 프로그램 얘기를 했다.

"그 분이 오찬에 참석할 수 있게 기도해주세요."

그러자 로저가 말했다.

"지금 기도하죠."

그래서 나와 라디오 방송국의 로저, 기독교 출판 담당자가 함께 기도했다.

기도의 원을 만들고 로저가 가장 먼저 기도했다. "주님, 밥이 오늘 오찬에 참석하게 해 주세요. 밥의 일정에서 오찬에 참석하기 위해 바뀌어야 할 부분은 모두 바꿔주세요. **지금** 이 시간 우리 기도에 응답하심을 감사합니다. 어서 오찬장에서 밥을 보고 싶습니다."

내 순서가 됐다. 성경이 "너희 중의 두 사람이 땅에서 합심하여 무엇이든지 구하면 하늘에 계신 내 아버지께서 그들을 위하여 이루게 하시리라"고 선포하며 하나님이 내가 함께 기도하는 이들과 합심한다는 점을 알고 계셨기 때문에 굳이 로저의 기도를 반복할 필요가 없었다.

그래서 이렇게 기도했다.

"주님, 밥을 오찬에 보내주셔서 감사합니다. 오늘 밥의 영혼을 취해 하나님 나라에 돌립니다. 성령님을 보내셔서 밥이 죄를 깨닫고 하나님의 가족이 되게 해주세요. 주님, 주님의 모든 약속으로 인하여 감사합니다.”

기도를 마치고 오찬장으로 달려갔다. 오찬장에 두 번째로 도착한 사람이 누구였는지 아는가? 그렇다, 밥이었다. 나는 기도했다.

“주님, 밥을 오찬에 보내주셔서 감사합니다.”

그날처럼 빨리 먹고 빨리 말했던 적이 있었나 싶다. 오찬이 끝나기 전 모든 이들에게 기도하고 그리스도를 영접할 기회를 줬다.

순서를 마치고 밥에게 걸어가 물었다.

“마지막에 제가 기도했을 때 그리스도를 영접하는 기도를 하셨나요?”

“오늘 아침 당신이 TV에서 기도했을 때, 저도 한 것 같은데요.”

“그것으로는 부족합니다. 당신이 그리스도를 당신 삶에 초청했다는 것을 확실히 알아야 해요.”

그리고 물었다.

"지금 그리스도는 어디 계시나요?"

"제 마음에 계신 것 같습니다!"

"그것으로는 부족합니다. 그분이 당신 마음에 계신 것을 확실히 알아야 합니다!"

나의 기도 파트너인 로저를 보며 나는 말했다.

"하나님이 밥에게 필요한 확증을 주시도록 기도합시다."

우리는 함께 기도했다. 우리가 기도를 마쳤을 때 밥이 지금까지 들어본 기도 중 가장 단순하면서도 자신의 마음을 모두 담아낸 기도를 했다.

"오 그리스도여, 내 삶에 당신이 오시기를 원합니다!"

밥의 눈에 눈물이 차올라 두 볼을 타고 흘러내려 바닥에 떨어졌다. 하나님의 영이 그의 마음을 녹이시고 그를 가족으로 맞아들이셨다는 증거였다.

우리 세 사람은 믿음으로 **구체적으로** 기도했다. 그리고 당신이 읽은 것과 같은 일이 일어났다. 당신도 한 번 해보라!

제8장

"당장" 기도하라

Hotline To Heaven

"그들이 부르기 전에 내가 응답하겠고 그들이 말을 마치기 전에
내가 들을 것이며"(이사야 65:24)

긴박하게 기도해야 하는가? 기도생활에서 우리가 흔히 저
지르는 가장 큰 실수는 필요, 바람, 감동이 있을 때 기도하지
않는 것이다.

누군가 당신에게 자신을 위해 기도해달라고 하면 당신은
그 사람을 불편하게 여기며 "예, 기도하겠습니다."라고 말만
하지는 않는가? 이런 답변은 크나큰 필요가 있어서 당신에게
기도를 부탁한 사람에게 너무나 부당한 처사다. 뿐만 아니라

당신이 말을 마치기 전에 들으시는 하나님께도 부당한 처사다. 하나님의 말씀에 분명히 기록되어 있다.

수많은 이들을 위해 기도요청을 받았던 때가 떠오른다. 하나님의 영이 "지금 당장 기도하라."고 하시면 나는 무슨 일을 하고 있든 당장 멈추고 내가 어디에 있든 "지금 당장 기도합시다!"라고 한다. 다른 누군가에게 자신을 위해 기도해달라고 청할 만큼 절박한 상황이라면 실로 긴박한 필요임에 분명하다. 게다가 하나님은 우리가 말을 마치기 전에 응답하기를 원하신다. 하지만 우리가 당장 기도하려고 하지 않아서 시작조차 하지 못한다면 어떻게 하나님이 응답하시겠는가?

오하이오 북부의 한 교회에서 주말을 보낼 때의 일이다. 그 교회의 가장 큰 기도의 짐은 몇 년간 하나님께 가까이 머물렀으나 하나님으로부터 멀어진 한 청년이었다. 그 청년은 형제들의 조찬에 참석했고, 같은 날 점심 나는 그 청년의 약혼녀를 만났다. 이 자매는 약혼자의 영혼에 대한 근심을 나에게 털어놨고, 하나님의 영이 주일 예배에서 그 약혼자에게 말씀하시도록 나에게 기도를 요청했을 때, 나는 그녀의 진심과 간절함을 느낄 수 있었다.

그래서 나는 말했다.

"지금 당장 기도합시다!"

뷔페식당에 있었는데 우리 두 사람 모두 접시를 그 자리에서 내려놓고 두 손을 모았다. 자매의 이야기를 듣고 있던 한 자매도 기도에 동참했다.

우리 세 사람은 그 자리에 서서 하나님이 주일 오전 예배 때 자매의 약혼자를 구원해주시기를 열정적으로 기도했다. 그 순간 기도의 열정에서 시작된 영적 소름이 우리 세 사람의 머리부터 발끝까지 돌았다.

주일 오전 예배가 기다려졌다. 주님을 영접하고자 하는 사람은 앞으로 나오라고 청했을 때, 자매의 약혼자가 가장 먼저 앞으로 나와 자신의 마음을 주님께 드렸다. 만일 우리가 기도 제목을 들은 그 순간 기도하지 않았다면 어떻게 됐을지 생각해봤다.

그날 밤 잠자리에 들기 전에 기도요청이 생각났을까? 까맣게 잊어버렸을까? 몇 시간이 흐른 후 기도했다면, "지금 당장" 기도했을 때만큼 열정적으로 기도했을까? 내가 긴박함을 느꼈던 순간 기도했던 것만큼 진심이 담긴 기도가 나왔을까? 기도요청을 완전히 잊어버리고 하나님께 기도에 응답하실 기회조차 드리지 않는 상황이 벌어지지는 않았을까? 그랬을지 모른다. 점심식사를 함께했던 자매의 기도와 우리가 했던 기도로 인해서 무슨 일이 일어났는지 당신은 알고 있나요? 하나님이 기도에 응답하신다는 확실한 증거를 보고 그 사람의 삶에 어떤 변화가 일어났을지 생각해보라!

또 다른 교회를 주말 동안 방문했을 때의 일이다. 이 교회는 출석이 매우 저조했다. 게다가 예배에 참석하는 몇 안 되는 교인들도 별다른 기대나 에너지가 없었고 다른 사람들이 자신들과 함께 교회에 올 일이 없을 거라고 확신하고 있었다. 한 자매는 이렇게 말했다. "누구를 데려오기는커녕 제가 온 것만도 다행이에요!"

목사님과 나는 긴급한 기도가 필요한 상황임을 직감했다. 그래서 우리가 가정을 방문할 때, 우리를 반기고 그 결과 교회에 올 사람들이 있는 가정으로 우리를 인도해주시기를 하나님께 기도했다.

그 자리에서 기도한 후 예정에 없던 가가호호 방문에 나섰
다. 문을 두드리고 하나님의 사랑을 짧게 전하고 다음 집으로
향했다.

마지막 집은 어머니가 알코올중독자인 집이었다. 딸이 어
머니 방으로 우리를 데려가서는 고함을 치다시피 말했다.

"제발 우리 엄마가 교회에 가서 구원을 받게 기도해주세
요!"

우리는 바로 그 자리에서 기도했다. 교회를 너무 오래 비
울 수는 없었기 때문에 아주 짧지만 진심이 담긴 열정적인 기
도를 했다. 그리고 바로 그 집을 나섰다.

예배가 시작될 시간이 되어 목사님과 성전을 들여다봤다.
그 가정이 아직 도착하지 않았다. 예배 전 저녁식사를 하며
하나님께 그 가정이 꼭 참석하기를 기도했던 터였다.

하지만 이들이 보이지 않았기 때문에 옆방으로 가서 이 가
정을 위해 구체적으로 기도했다. 그리고 다시 문을 열었을
때, 성전에 앉아 있는 이들 가족이 보였다.

당신이 무슨 말을 할지 나도 다 안다. 이들이 이미 교회 주차장에 있었을 텐데 하나님이 어떻게 그 기도에 응답하실 수 있었을까?

하나님은 우리가 이 가정을 위해 구체적으로, 열정적으로 기도하리라는 사실을 아셨고 그렇기 때문에 "그들이 부르기 전에 내가 응답하겠고"라고 말씀하셨다. 하나님의 영이 우리가 하나님을 부르기 전에 이미 이 가정 가운데 역사하셨고, 그래서 하나님이 우리 기도에 응답하셨다.

많은 이들이 내가 "당장 기도합시다!"라고 할 줄 모르고 무언가를 위해 기도해달라고 한다. 나는 그 자리에서 당장 기도한다. 그리고 하나님이 몇 시간 만에 이러한 기도에 응답하시는 모습을 보는 짜릿함을 수없이 경험한다. 우리가 받지 못함은 구하지 않기 때문이다. 우리가 구하지 않는 이유 중 하나는, 할 일을 뒤로 미루기 때문이다. 우리는 계속 할 일을 뒤로 미룬다. 그 결과 기도하지 않고, 그래서 많은 기도가 응답을 받지 못한다. 너무 바빠서, 다른 일들 때문에 마음을 빼앗겨서 기도할 시간을 내지 못한다.

캘리포니아 여정에서 위대한 크리스천 리더인 메리 앤 무니의 초대를 받았다. 내가 그 집에 갔을 때 메리 앤이 내게 따뜻한 커피를 대접했다. 우리는 그 커피로 인해 그리스도가 필요한 수많은 이들이 그 집을 찾아오기를 열정적으로 기도했다.

커피를 마신 그날 아침 수많은 이들이 그 집으로 밀려들었다. 처음에는 집에 다 들어올 수 없을 만큼 사람들이 많이 올까봐 더럭 겁이 났다. 하지만 메리 앤과 나는 두려움을 내려놓고 창고로 들어가 (정말 창고로 들어갔다) 하나님께 이 집에 앉을 자리가 없을 만큼 많은 이들을 보내주시기를 기도했다! 하나님은 우리 기도를 들으시고 응답하셨다.

"그들이 말을 마치기 전에 내가 들을 것이며."

얼마 전 주말에 중서부에 있는 교회를 방문했을 때, 술고래인 교인의 남편과 이야기를 해달라는 요청을 받았다. 모두가 그 사람을 위해 기도했다는 사실을 빼고는 상황에 대해 전혀 아는 바가 없었다.

주차를 하면서 목사님께 나와 함께 기도하자고 청했다. 두 세 문장의 짧은 기도를 통해 우리는 그 형제의 영혼을 취해 하나님나라에 올려드렸다. 기도를 마쳤을 때 나는 나만의 특별 기도를 했다.

"주님, 저는 할 수 없습니다. 주님이 아십니다. 그러니 지금 당장 그 형제의 마음을 준비시켜 주세요. 그리고 제 입술에 주님이 하시고자 하는 말씀을 넣어주세요."

사람들은 저자나 강사는 마법사가 지팡이를 흔들어 마법을 일으키듯 무언가 특별한 일을 할 수 있다고 믿는 모양이다. 그러다보니 내게 지워진 책임 때문에 나는 주님의 도움을 구하며 더 열정적으로 기도할 수밖에 없다. 내가 거듭 떠올리는 다음 구절의 말씀이 모든 그림을 완성한다.

"이는 힘으로 되지 아니하며 능력으로 되지 아니하고 오직 나의 영으로 되느니라" (슥 4:6)

제9장

어려움이 시작될 때 기도하라

Hotline To Heaven

"여호와의 눈은 의인을 향하시고 그의 귀는 그들의 부르짖음에 기울이시는도다 여호와의 얼굴은 악을 행하는 자를 향하사 그들의 자취를 땅에서 끊으려 하시는도다 의인이 부르짖으매 여호와께서 들으시고 그들의 모든 환난에서 건지셨도다"(시편 34:15-17)

시편에는 성경에서 가장 값지고 짜릿한 구절들이 담겨 있다. 힘든 하루를 보냈을 때, 일이 생각처럼 되지 않을 때, 읽고 싶은 위로의 구절들이다. 시편의 구절들은 그 어디서도 얻을 수 없는 달콤한 위로를 전해준다.

나는 시편 34편 17절을 종종 묵상해본다.

"의인이 부르짖으매 여호와께서 들으시고 그들의 모든 환난에서 건지셨도다"

주님이 그분을 사랑하는 자들을 반드시 모든 환난에서 건져주신다니 정말 놀랍고도 기쁘다. 하지만 이 구절을 읽으며 한 가지 질문이 떠오른다.

"왜 우리는 항상 우리가 "한계 상황"에 다다를 때까지 기다릴까?"

강연 차 방문한 교회에서 간증의 밤 예배에 참석할 때의 일이다. 간증을 한 대부분의 사람들이 놀라운 기도 응답을 고백했다. 하지만 대부분의 간증에서 비슷비슷한 표현을 들을 수 있었다.

"제가 한계에 부닥쳤을 때 "주님, 저는 할 수 없습니다. 도와주세요! 도와주세요!"라고 고백했어요. 그랬더니 주님이 저를 건져주셨습니다."

하나님은 우리가 하나님께 온전히 의존할 수밖에 없는 존재임을 우리가 깨닫기를 바라신다. "너는 마음을 다하여 여호

와를 신뢰하고 네 명철을 의지하지 말라" (잠 3:5)

하나님은 우리가 하나님을 지극히 사랑하고 온전히 신뢰해서 삶의 모든 필요를 하나님께 의지하게 되기를 바라신다. 그런데 우리 자아는 왜 일단 하나님 없이 해보려고 하는지 종종 의문이 든다. 그러다 한계에 부닥치면 그 때야 소리를 지르며 우리를 건져달라고 울부짖는다. 우리가 우리 힘으로 해보려고 안간힘을 쓰는 내내 하나님은 우리가 도와달라고 부르짖기를 인내하며 기다리신다고 생각해보라. 우리가 삶을 엉망진창으로 만들어 놓고 하나님이 우리를 위해 해주실 수 있는 일이 그렇게 많은 데도 하나님을 부르지 않을 때 하나님은 얼마나 슬프실까.

우리 딸이 여름 캠프를 갔을 때의 일이다. 캠프에 갔더니 크리스천의 교제를 나눌 친구가 한 명도 없었다. 딸아이는 바로 성경을 펼치고 예전과 다르게 말씀을 읽고 공부했다. 예전과 다르게 온 마음으로 기도했다.

딸아이는 외로워하며 내게 장거리 전화를 걸었다.

"엄마, 크리스천의 교제가 없으니 견디기 힘들어요. 저랑 전화로 기도 좀 함께 해주세요."

우리는 장거리 전화로 20분 넘게 기도했다. 기도하느라 전화비가 너무 많이 나왔다고 불평했을까? 아니다. 딸아이가 절박한 상황, 한계 상황에 다다를 때까지 기다리지 않고 어려움이 시작될 때 무언가를 해야겠다고 결심할 만큼 똑똑한 선택을 했기 때문이다.

기도생활을 발전시키는 좋은 방법은 다른 이들에게 "도움의 손길"이 돼주는 것이다.

다른 이들의 기도의 짐을 대신 진 적이 있는가? 이렇게 할때 다른 이들의 어려움을 보고 그 어려움을 대신 짊어지게 되면서 자신에게만 집중하던 시선이 다른 이들에게로 향하고 당신의 기도생활이 훨씬 더 군건해진다.

다른 이들의 어려움을 대신 짊어진다는 면에서 한 가지 제안을 하겠다.

내가 처음 크리스천이 됐을 때 우리 목사님이 기도 목록을 만들라고 말씀하셨다. 내가 이미 알고 있는 기도제목들을 목록으로 만들라는 얘기는 커닝을 하라는 얘기인가 싶어서 목사님이 이상하다고 생각했다. 기도할 때 눈을 뜨면 반칙이라고 생각하고 있었다. 게다가 목록으로 만들어 노트를 들고 다

녀야 할 만큼 기도거리가 많은 사람이 있을까 싶기도 했다. 하지만 결국에는 깨달았다. 정말 기도의 능력을 발견하고 싶다면, 하나님이 기도에 어떻게 응답하시는지 알고 싶다면, 기도 그룹을 만들라. 그룹은 2명 이상의 사람들이 모여야 구성이 된다. 그룹 사이즈는 각자 정하면 된다. 대여섯 명 정도가 기도 그룹을 구성하기에 좋은 숫자인 듯하다.

크리스천이 된지 얼마 안 됐거나 자신의 믿음이 아직 연약하다고 생각한다면, 좋은 기도의 용사 두세 명이 기도 그룹에 참여하도록 하라.

기도 모임의 빈도는 필요나 개개인의 성향에 따라 달라진다. 기도 용사 모임을 매주 목요일 오전 10시에 갖는 사람들도 있고, 내 경우에는 필요할 때마다 기도 모임을 갖는 편을 선호한다. 하지만 처음에는 매주 시간을 정해 모이는 것이 좋다.

그런데 이렇게 시간을 정해 모이려 할 때, 마귀가 계책을 부려 참석자들에게 참석하지 못할 수 천 가지 이유를 들이댄다. 매주 같은 목적으로 동일한 시간에 모여야 하는 의무감을 싫어하는 이들도 있다.

어느 지점에서건 시작을 해야 하니 일단 목요일 오전에 기도 모임을 갖는다고 가정해보자. 집에 프린터가 있으면 기도 제목을 묶은 소책자를 직접 만들어도 좋다. 아니면 각자 작은 노트를 사서 기도제목을 적는 방법도 있다. 각 페이지에 다음의 소제목을 적으라.

기도일   기도제목   응답일

(주: 기도제목을 상세하게 모두 다 적을 필요는 없다. 어떤 내용이었는지 떠올릴 수 있는 정도로만 기록하라.)

이런 식으로 정리하면 된다.

5월 22일 메리가 자녀를 대할 때 인내하도록.

       수의 남편의 마음을 준비해주시기를.

       조가 하나님과 가까이 동행하지 않음.

       로즈 이모에게 치유의 손길.

       앤이 사람들을 대할 때 더 사랑을 부어주시기를.

       제인 안의 비판의 영을 제하여 주시기를.

       진의 아들이 마약을 함.

밤의 영혼.

여름 성경학교에 14명의 일꾼이 더 필요함.

오르간 반주자가 이사를 가기 때문에 새로운 반
주자 필요.

5월 29일 하워드에 학교에 갈 교통편을 위해 기도.

시급함. 매우 긴박함.

심방을 위해 더 많은 사람이 급히 필요.

열정적인 중고등부 리더(부부면 더 좋음).

목사님.

이제 즐거움과 짜릿함이 시작될 순서다. 기도제목이 무엇
인지 참석자에게 돌아가며 물어본 후, 각 사람에게 각 기도제
목을 위해 기도하도록 청하라. 적어둔 기도제목은 전체 이야
기의 극히 작은 부분만을 보여줄 뿐이다. 이런 다양한 제목에
대해 한 사람 한 사람이 다른 필요를 보고 다른 기도 방법을
떠올리기 때문에 실제 돌아가며 기도하는 시간을 통해 기도
의 통로가 상상을 초월하는 수준으로 활짝 열린다. 다양한 기
도는 기도를 받는 사람에게 도움이 되며 기도하는 사람과 합

심하여 그 자리에 앉아 있는 모든 이들을 풍성하게 해준다.

다음 주에 기도모임이 시작되자마자 기도 노트를 꺼내어 누구의 기도가 응답됐는지 물어보라.

모든 기도가 한 주 만에 응답되지는 않는다. 하지만 "응답일" 아래 채워 넣을 무언가가 있을 것이다. 수의 남편이 6월 6일 그리스도를 영접. 6월 9일 여름 성경학교 마지막 봉사자까지 모두 채워짐.

더 이상 그 주에 응답 받은 기도제목이 없으면 다음 주의 기도제목을 물으라. 기도제목을 목록에 추가하면서 이번 주에 두 가지 기도에 확실하게 응답하신 하나님께 감사와 찬양을 드리라.

다음 주에는 진의 아들이 기적적으로 마약을 하던 습관에서 건짐을 받았고, 새로운 오르간 반주자가 교회에 와서 봉사를 할 수 있는지 물었고, 조가 자신을 돌아보고 다시금 하나님과의 친밀한 교제를 회복했음을 알게 된다.

3개월 후, 기도제목을 적은 노트를 처음부터 읽어보라. 하나님께 받은 확실한 응답의 수가 얼마나 많은지 깜짝 놀라게 될 것이다.

　오래 전에 쓴 기도 노트를 절대 버리지 마라. 노트에 기도 제목을 쓰고 3년 후, 하나님이 기도에 응답하셨음을 알게 될 수도 있다.

　3년 전 사랑하는 한 영혼을 위해 하나님께 기드온의 기도를 드리고 기도 노트에 적어두었다. 그리고 3년 후 그 사람에게 편지를 써서 그 기도가 응답된 날짜를 알려주었다. 하나님이 3년이나 된 기도제목에도 응답하신다는 사실을 알고 그의 믿음이 얼마나 더 강해졌겠는가!

　"기도제목 모으는 자"가 될 수도 있다. 지고 있는 짐이 너무 버거워 누군가 자신을 위해 진심으로 기도해주기를 간절히 바라는 이들이 많다. 어디서든 쉽게 꺼내어 기도제목을 적을 수 있도록 기도 노트를 자동차나 핸드백(여성의 경우), 양복 주머니(남성의 경우)에 넣고 다니라.

　누군가 당신에게 지나가는 말로라도 자신이 맞닥뜨린 문제를 이야기하거든 위해서 기도해도 되겠는지 물으라. 당신이 관심을 가진다는 사실이 그 사람에게 얼마나 큰 위로와 힘이 될지 당신은 모른다. 또한 그것이 당신의 기도생활에 어떤 영향을 끼칠 지도 당신은 아직 모른다.

하나님이 두 손에 당신을 위한 기도응답을 가득 담으시고 두 팔을 쭉 뻗고 기다리고 계시다는 사실을 아는가? 하나님은 말씀하셨다.

"너는 내게 부르짖으라 내가 네게 응답하겠고 네가 알지 못하는 크고 은밀한 일을 네게 보이리라" (렘 33:3)

하나님께 부르짖으라. 지금 당장!

항상 혼자 기도하는 것과 달리 이런 기도는 당신과 함께 기도하는 이들을 향한 사랑과 배려를 당신에게 불어넣어준다. 당신의 삶을 더욱 풍성하게 만들어준다. 함께 기도하는 이들 사이에는 무엇과도 비견할 수 없는 그리스도의 사랑의 연대가 솟아난다.

함께 기도하는 이들 사이에는 진정한 친밀함이 자라난다. 또 자신도 모르게 "중언부언"하며 건성으로 기도하게 되는 날에도 다른 사람의 기도의 열정에 함께 사로잡히게 된다.

나와 한 기도 그룹으로 모여 기도하며 같은 기도제목을 담은 기도 노트를 가지고 있는 우리 교회 자매들이 떠오른다. 이들 한 사람 한 사람을 향해 나는 아주 특별한 마음을 품고 있다. 함께 기도했고 하늘로 이어진 핫라인이 정말 효과가 있음을 목도하며 함께 기뻐했기 때문이다!

제10장

거하는 법을 배우라

Hotline To Heaven

"너희가 내 안에 거하고 내 말이 너희 안에 거하면 무엇이든지
원하는 대로 구하라 그리하면 이루리라"(요한복음 15:7)

"성공적인" 기도의 비밀이 있다면 그 비밀은 요한복음 15
장 7절에 숨어있다. 기도에 관한 많은 구절을 연구하면서 한
가지 확연히 드러나는 사실을 발견했다. 거의 모든 구절에 조
건이 붙어있다는 사실이다!

"너희에게 겨자씨 한 알만한 믿음이 있었더라면"

(마태복음 17:20)

"너희가 기도할 때에 무엇이든지 믿고 구하는 것은"

(마태복음 21:22)

"오직 믿음으로 구하고 조금도 의심하지 말라"

(야고보서 1:6)

"너희 중의 두 사람이 땅에서 합심하여"

(마태복음 18:19)

"여호와를 기뻐하라 "

(시편 37:4)

각 구절을 주의해서 보며 당신에게 주어진 조건이 무엇인지 생각해보라.

나는 특히 "또 여호와를 기뻐하라 그가 네 마음의 소원을 네게 이루어 주시리로다" (시 37:4)라는 구절이 좋다. 이렇게 된다면 생각만 해도 얼마나 좋은가. 하지만 엄격한 조건이 붙어있다. 먼저 주님을 기뻐하는 조건을 충족해야 한다고 분명히 밝힌다.

나에게 주님을 기뻐하는 것은 내가 만나는 모든 이들과 주님을 나누며 "주님을 찬양합니다." 라고 고백하고, 그분의 놀랍고 크신 사랑에 잠기며, 사람들에게 내가 매순간 만끽하고 있음을 알게 하는 것이다. 그것이 바로 여호와를 "기뻐하는 것"이다!

현재의 상태를 정확하게 진단해주는 시험지가 바로 여기에 있다. 기도생활이 만족스럽지 못하고 하나님이 정말 당신의 기도에 응답하시는 것 같이 느껴지지 않는다면 요한복음 15장 7절에 대해 솔직하게 생각해보라.

"너희가 내 안에 거하고 내 말이 너희 안에 거하면" 이라는 말씀이 당신에게 적용되는가? 정말 주님 안에 거하고 있는가? 그분의 말씀이 정말 당신 안에 거하는가?

웹스터 사전은 거한다(abide)는 단어를 쉬다, 머물다, 영구적으로 계속하다 또는 굳건하고 흔들림이 없다는 의미로 풀이한다. "거하는"이라는 단어로 넘어가보면 흥미로운 유의어들이 다수 제시된다. "계속되는, 지속되는, 인내하는, 오래가는, 변함없는, 한결같은, 머무는, 기다리는"이라는 뜻을 가지고 있다.

하나님의 "거하는" 사랑을 생각해보라. 이 단어를 위의 형용사들로 바꿔보자. 하나님의 "계속되는" 사랑, 하나님의 "지속되는" 사랑, 하나님의 "인내하는" 사랑, 하나님의 "오래가는" 사랑, 하나님의 "변함없는" 사랑, 하나님의 "한결같은" 사랑, 하나님의 "머무는" 사랑, 하나님의 "기다리는" 사랑. 하나님의 사랑을 표현하는 이 단어 하나하나를 읽고 있으니 머리부터 발끝까지 전율이 느껴진다.

이 단어들을 다른 순서로 대입해보고 싶다면 이렇게 해보자.

당신은 하나님 안에 "계속하고" 있는가?

당신은 하나님 사랑 안에 "한결같이" 있는가?

당신은 하나님 사랑 안에 "변함없이" 있는가?

당신은 하나님 사랑 안에 "머물러" 있는가?

당신은 하나님의 사랑을 "기다리고" 있는가?

지금 당신이 앉은 그 자리에서 하나님의 사랑을 "기다리고" 있다고 생각해보라. 정말 놀랍지 않은가? 그 한 문장에 담긴 무한한 가능성을 가늠해보라.

때문에 하나님의 기도응답을 여는 열쇠는 바로 그리스도 안에 "거하는" 것이다. 주님은 해석의 여지를 거의 남겨두지 않으시고 아주 단순명료하게 말씀하셨다.

"너희가 내 안에 거하고 내 말이 너희 안에 거하면 무엇이든지 원하는 대로 구하라 그리하면 이루리라"

그런데 대체 이 시대의 크리스천들은 뭐가 문제일까? 우리는 정말 하나님의 말씀을 믿기나 하는 것일까? 우리가 정말 하나님의 말씀을 믿는다면 왜 우리에게 주시는 하나님의 약속을 취하지 않을까?

하나님이 "무엇이든지 원하는 대로 구하라 그리하면 이루리라"고 말씀하셨는데도 왜 그 말씀을 활용하지 못할까?

많은 이들이 믿음의 걸음을 내딛고 그 약속을 취하기를 두려워한다. 하나님이 지금 바로 이 순간 이 자리에서 기도에 응답하려고 기다리고 계시다는 사실이 내게는 더할 나위 없이 흥분된다.

필립스 역은 현대적인 언어로 요한복음 15장 7절의 말씀을 이해하기 쉽게 옮겨놓았다.

"너희가 내 안에서 너희 삶을 살고 내 말이 너희 마음에 있

으면 무엇이든 원하는 대로 구하라 그러면 너희에게 이루어지
리라"

그리스도가 우리에게 요구하시는 것은 그분 안에서 우리
의 삶을 살고 그분의 말씀이 우리 안에서 **살아가도록**, 즉 그
분의 말씀이 우리 마음 가운데 **살아 숨 쉬도록** 하는 것뿐이
다. 주님을 위해 삶의 일부만 쪼개어 드리라는 말은 한 마디
도 없다. 당신의 삶 전체를 그분을 위해 살라고 단순명료하
게 말씀하신다.

웹스터 사전은 "삶(life)" 즉 생명이라는 단어를 이렇게 정
의한다.

"식물과 동물이 양분을 취하고 그것에서 에너지를 얻고 성
장하고 환경에 적응하고 번식할 수 있도록 하는 특성: 살아있
는 동물이나 식물을 무기물이나 죽은 유기체와 **구별하는 특질**."

어쩌면 기도의 가장 큰 비밀은 그리스도 안에 "거하는" 법
을 배우고 그 결과 당신의 기도생활에 어떤 일이 일어나는지
보는 것인지도 모른다.

요한일서 3장 22절을 보라.

"무엇이든지 구하는 바를 그에게서 받나니 이는 우리가 그의 계명을 지키고 그 앞에서 기뻐하시는 것을 행함이라" 우리가 항상 그분 안에 "거하지" 않는다면 어떻게 그 앞에, 그가 보시기에 기뻐하시는 자가 될 수 있겠는가? 왜 우리가 하나님 앞에 기뻐하시는 일을 행하지 못하게 하는 물질적인 것들을 위해 그렇게 애를 쓰는지 궁금하다. 이로 인해 우리는 무엇이든지 구하는 대로 받는다는 하나님의 약속을 취하지 못하고 만다.

왜 우리는 그저 하나님을 믿고 하나님 안에 거하며 무엇이든지 구하는 대로 받는 훨씬 더 간단한 길을 택하지 않고 돈과 명예와 쾌락과 흥분을 좇을까.

우리 모두가 하나님의 약속을 전심으로 믿는다면 하나님이 우리가 구하는 모든 것을 주시니 우리에게는 근심도 좌절도 없다.

물론 여기서 다시 원점으로 돌아가 그리스도가 우리를 통해 그분의 생명을 사시게 한다면 우리는 그분이 바라시는 것

외에는 그 무엇도 원하거나 구하지 않게 되리라는 사실에 이르게 된다. 그런데 주님이 우리에게 바라시는 것이 바로 가장 좋은 것이다. 하나님은 그분의 자녀에게 최고, 최선만을 주고자 하시기 때문이다. 하나님은 우리를 그처럼 사랑하신다.

당신의 자녀를 생각해보라. 아이들이 당신에게 순종할 때 좋은 선물을 더 많이 주게 되지 않는가? 정말 그렇다. 아들이나 딸이 "사랑해요"라고 말하면 부모는 어떻게 하는가? 아이에게 가장 좋은 것으로 아낌없이 다 주고 싶어진다. 우리가 기도의 목소리를 높이고 우리가 얼마나 하나님을 사랑하는지 고백할 때, 똑같은 마음이 드실 것이다. 하나님은 우리의 마음의 소원을 이루어주기를 원하신다. 여기서 기도의 의미를 다시 한 번 생각해보게 된다.

기도란 무엇인가? 내게 묻는다면 나는 이렇게 답하겠다.

기도는 하나님의 존재를 믿는다고 인정하는 것이다.

기도는 하나님께 이야기하는 것이다.

기도는 당신을 위해 역사하신 하나님을 찬양하는 것이다.

기도는 당신의 삶을 향한 하나님의 뜻을 발견하기 위해 하나님께 귀 기울이는 것이다.

기도는 하나님이 당신에게 말씀하시는 방법이다.

기도는 당신과 하나님 간의 양방향 통행로다.

기도는 하늘의 통신 시스템이다.

기도는 당신을 "세상적인" 세계에서 영적 세계로 옮겨주는 것이다.

기도는 하나님께 당신이 무엇을 하기를 바라시는지 보여주시기를 구하는 것이다.

기도는 우리가 하나님께 닿고 하나님이 우리에게 닿으시는 길이다.

기도는 다른 이들을 위해 기적을 베푸시기를 구하는 방법이다. 하나님의 존재를 믿지 않는다면 우리는 그저 허공에 기도하는 것일까? 나는 그렇지 않다고 본다. 크리스천이든 아니든 기도를 한다면 하나님이 존재하시며, 하나님이 존재하심을 믿는다고 인정하는 것이다. 그렇지 않다면 존재하지도 않는 무언가에게, 누군가에게 기도하는 데 시간을 들일 이유가 없다.

기도는 우리 생각을 깨끗하게 씻어주는 세제다. 시간을 구별해 기도해보라. 그리고 당신이 하나님에 대한, 하나님을 위한, 하나님으로부터 온 생각에 완전히 잠겨있을 때 악한 생각이 들어올 틈이 있는지 보라. 그럴 여지가 생기지 않는다.

기도는 놀라운 능력의 원천이다. 온 교회가 무언가를 위해 연합하여 열정적으로 기도하는 모습을 본 적이 있는가? 기도의 능력이 물리적으로 느껴질 정도다.

기도는 하나님과 단 둘이 있을 수 있는 능력을 부여한다. 물리적으로는 홀로 있으되 기도를 통해 즉각적으로 전 세계 어디서든 결코 혼자가 아님을 깨닫게 된다. 그의 아들 예수 그리스도를 통해 하나님이 그 자리에 당신과 함께 하신다. 수술대에 누워수술을 기다릴 때보다 혼자라는 사실이 더 뼈저리게 느껴질 때가 있을까? 하지만그런 상황에서 기도할 때 하나님이 더 가깝게 느껴지지 않던가?

기도는 죄책감을 제한다. 크리스천이 되기 전에 죄책감이 당신의 삶의 실질적인 문제였을지도 모른다. 어떤 이들은 죄책감을 다른 이들보다 더 무겁게 느끼고 힘들어한다.그리스도께 우리를 깨끗하게 하시고 우리 죄를 사해주시기를 구할 때까지 누구의삶에서든 죄책감은 사라지지 않는다. 기도는 당신의 삶에서 죄책감을 제한다. 하나님의 말씀이 분명하게 기록하고 있다. *"그는 미쁘시고 의로우사 우리 죄를 사하시며 우리를 모든 불의에서 깨끗하게 하실 것이요"* (요일 1:9)

기도는 고독에 대한 답이다. 낯선 도시에서 아니면 당신이 사는 그 곳에서 당신 혼자만 남겨진 듯한 고독감이 감당할 수 없이 당신을 뒤덮었던 적은 없는가? 몇 년 전 나도 혼자 있을 때 고독감이라는 낯선 감정을 경험했다. 하지만 나는 더 이상 혼자가 아니다. 기도를 통해 그리스도께 가까이 오시기를 청하면 언제든 고독감을 제거할 수 있다.

같은 제목의 기도를 반복하면 믿음이 부족하다는 증거가 되는지 묻는 이들이 많다. 하나님과 한 마음이라면 내 기도가 응답됐음을 알기 때문에 무언가를 위해 한 번 기도하는 것으로 충분한 때도 있다(대부분의 경우 그렇다). "구하라 그리하면 너희에게 주실 것이요"라는 누가복음 11장 9절의 예수님의 약속에 굳게 서라.

하지만 한편으로 사도 바울은 "육체의 가시"를 제하시도록 세 번 기도했다. 때문에 정해진 답은 없다. 겟세마네 동산의 예수님이 떠오른다. 예수님도 그날 밤 분명 거듭 같은 기도를 하셨으리라. 또 에베소서 6장 18절에서 사도 바울은 "모든 기도와 간구를 하되 항상 성령 안에서 기도하고" 라고 기록한다. 다른 번역본은 "끊임없이 기도하라"고 번역한다. 이런 상황에서 내가 줄 수 있는 조언은 한 가지다. 한 번으로 족하다고 생각한다면 그걸로 좋다. 같은 제목으로 두 번 이상 기도해야 할 필요를 느끼거나 그런 감동이 있다면 더 이상 기도할 필요가 없다는 마음이 들 때까지 계속 기도하라.

제11장

모두 내어드리라

Hotline To Heaven

하나님은 내가 그분의 계획을 알기 훨씬 전부터 가장 독특한 방법으로 그 상황 속에서 역사하고 계신다. 이제 이 책의 마지막 장만을 남겨두고 있다.

　그런데 당혹스럽게도 이 마지막 장에 대한 하나님의 메시지를 고를 수가 없었다. 그래서 나는 이 마지막 장에 담기를 바라시는 내용을 내게 알려주실 하나님을 믿으며 인내하며 기다렸다. 각 장이 전개되는 중에도 왜 이 책을 우리 아들 톰에게 헌정했는지 확실히 이해하지 못했다. 책을 톰에게 헌정하면서도 정작 톰에 대한 이야기는 거의 하지 않았다.

하지만 이제는 이 책이 톰에게 헌정된 이유를 안다.

이 마지막 장은 내 혈육에 대한 이야기를 담고 있기 때문에 다른 어떤 장보다 더 많은 기도가 담긴 장이기도 하다.

이 장을 탄생시킨 기도가 어떤 기도였는지 이해를 돕기 위해 크리스천이 되기 전, 내가 어떤 사람이었는지에 대해 간단히 설명하고자 한다.

13년 전 내게 부양해야 할 두 아이만 남기고 남편이 세상을 떠났다. 당시 의사들은 내게 살 날이 두 달 밖에 남지 않았다고 사형선고를 내렸다.

당시 나는 크리스천이 아니었지만 하나님이 기도에 응답하신다는 것을 알았다. 그래서 두 아이가 장성할 때까지 나를 살려달라고 하나님께 기도했다.

내 자신과 두 아이의 생계를 위해 자본금 15달러로 비서업무 대행 서비스를 시작했다. 쇼핑센터 건물주에게 임대료 대신 비서 서비스를 제공하기로 했다. 그렇게 나는 늦은 나이에 보잘 것 없는 돈으로 내 사업을 시작했다. 교과서에 적힌 대로라면 나는 실패할 수밖에 없는 조건이었다. 몸은 극도로 쇠약했고 나이는 마흔이 넘었으며 두 아이를 돌봐줄 사람도 없었다.

내가 성공할 이유는 하나도 없었다. 하지만 하나님이 내 삶에 역사하고 계셨다.

많은 이들이 내게 자본금 15달러를 어디에 썼는지 묻는다. 5달러로는 고급 사무용지를 사고 또 5달러로 반투명 용지를 사고 나머지 4달러 95센트로는 복사용 먹지를 샀다. 타자기는 임대했다. 그렇게 사업이 시작됐다.

내가 돈을 적게 받았는데도 사업은 나날이 번창했다. 돈을 적게 받는 대신 타자기 앞에서 하루 16시간에서 18시간씩 일했다. 밤에는 집으로 타자기를 들고 와서 아이들을 돌보며 일을 했고 몇 달러라도 더 벌어 아이들을 먹이고 입히고 낮 시간에 딸아이를 봐줄 사립유치원 학비를 대려고 밤 시간의 절반은 깨어 일했다.

사업은 날로 성장했고 결국 비서 사무실이 인쇄회사가 됐다. 크리스천이 된지 얼마 되지 않았을 때, 나는 목사님께 너무 바빠서 주일 저녁 예배나 수요일 저녁 예배는 참석할 수 없다고 말했다. 목사님은 이렇게 답했다.

"프랜시스, 어느 쪽이든 원하는 대로 하세요. 하지만 삶에서 가장 **중요한** 일을 가장 우선에 두는 법을 배우게 되는 날, 당신의 삶이 훨씬 더 좋아질 겁니다."

내가 하고 싶은 말은 "주님을 찬양합니다." 뿐이다. 조금이나마 가장 중요한 일을 가장 우선에 두는 법을 배웠고, 그 이후로 한 번도 주일 저녁 예배나 주중 예배를 빠지지 않았다.

하지만 그러고 나서도 밀린 업무를 처리하기 위해 일주일에 4, 5일은 새벽 3, 4시까지 일했다. 내 안의 무언가가 사업의 큰 성공을 위해 나를 몰아치고 있었다는 사실을 이제는 알겠다.

내 영적 자녀 중 한 명인 리치는 내게 이런 말을 했다.

"프랜시스, 주님이 당신이 지금처럼 일하다가 사무실에서 죽기를 바라진 않으실 거예요!"

그 말에 나는 생계를 꾸려야 하기 때문에 나도 어쩔 수 없다고 답했다. 작년에는 양쪽 다리에 정맥염이 생겼다. 왼쪽 다리가 오른쪽 다리보다 심했지만 나는 일을 멈추지 않았다. 기도해도 하나님의 치유가 찾아오지 않는다는 사실을 깨닫고 병원에 갔다. 왜 기도로 치유가 되지 않는지 이해가 되질 않았다.

의사는 사무실에서 너무 많은 시간을 보내지 말라며 발을 높이 올려놓으라고 했다. 그래도 나는 일을 줄이거나 그만두지 않았다. 지금에 와서야 왜 하나님이 나를 그렇게 다루셨는지 이해가 된다.

머릿속에 이 상황을 그려놓고 조금씩 맞춰져가는 퍼즐의 다른 부분을 보도록 하자.

내가 이 책을 깊은 사랑으로 헌정한 우리 아들 톰은 열아홉에 사랑스런 동갑내기 아가씨와 결혼했다. 톰이 자랄 때는 내가 크리스천이 아니었고 톰은 크리스천 훈련도 전혀 받지 않았다.

나는 "좋은" 사람이었고 톰도 "착하게" 살도록 가르치려고 노력했다. 하지만 크리스천이 되지 않은 상태로 그런 노력은 별 소용이 없었다.

남편은 톰이 다섯 살 때 세상을 떠났고 나는 아이들에게 어머니이자 아버지가 되기 위해 노력했다.

우리가 아무리 우리의 능력을 자신해도 사실 아버지의 역할까지 감당하기란 어떤 여성에게든, 특히 그리스도가 없이는 불가능한 일이다.

톰은 오랜 시간 반항적인 태도를 견지했고 나는 아들 때문에 쓰라린 눈물을 흘려왔다. 톰의 문제가 너무 크고 심각해서 톰을 상담사에게까지 데려갔다. 그랬더니 내게 이런 말을 했다.

"만일 당신이 형편없는 알코올중독자였다면 톰은 강인한 남성으로 자라났을 겁니다."

그럴 때마다 나는 이렇게 대꾸했다.

"저더러 어떻게 하라고요? 제게는 가족을 부양해야 할 의무가 있고 이제 와서 제가 바뀌기에는 너무 늦었어요. 톰이 이 세상과 잘 지내는 법을 배워야 합니다. 저와도 그렇고요."

얼마나 어리석은 엄마인가? 문제를 해결해주시기를 구할 만큼 하나님을 잘 알지 못할 때 특히나 어리석은 모습이 도드

라진다.

톰 역시도 리더이고 우리가 빈번히 싸웠지만 우리에게는 서로를 향한 비범한 사랑이 있다. 우리가 서로를 견디지 못하는 시기도 있었지만 모자간의 끈끈한 사랑이 우리 사이에 있다.

톰은 고등학교에서 인쇄기와 사무기기 작동법을 배웠지만 나는 열다섯 살짜리를 높은 자리에 앉힐 생각이 없었다. 톰은 우리 회사에서 일을 하지 않겠다며 결혼 전에 다른 회사에 입사했다. 하지만 결국은 우리 회사에서 일을 하고 싶다면서 돌아왔다.

우리 회사는 엄청난 속도로 성장을 거듭했고 나는 내가 죽으면 두 아이에게 내 회사를 물려줄 생각이었다.

후에, 톰은 내 밑에서 일하겠다며 돌아왔다. 우리는 서로를 깊이 사랑했지만 끊임없이 서로의 심기를 불편하게 했다. 크리스천이 된 이후로 하나님의 사랑으로 톰의 마음을 돌려 보려 했지만 성공하지 못했다.

말다툼과 반복이 사무실에 끊이질 않았다. 빈둥거리는 아들 몫까지 일을 하느라 나는 여전히 터무니없이 긴 시간을 일에 매달렸고 상황은 점점 더 악화됐다.

출근을 해서는 어김없이 "어떻게 나한테 이럴 수 있어요!"라고 말하는 톰을 나는 수없이 해고했다.

톰 부부는 수 년 간 갈등을 겪으면서도 헤어지지는 않겠다는 결심을 한 듯 보였다. 결혼하고 4년 후 하나님은 두 사람에게 사랑스런 아들을 선물로 주셨다. 하지만 아이가 태어난 후에도 결혼생활은 안정되지 않았다.

이런 상황에 내가 개입하게 됐고, 내가 자신 입장에 서서 거짓말을 해주지 않았다는 이유로 톰은 내가 딸아이와 사는 아파트로 찾아와 내게 불같이 화를 냈다.

나는 더 이상 자신의 엄마가 아니며 나와 연을 끊겠다고, 여동생도 나도 더 이상 참아줄 수 없고 죽는 날까지 절대 나를 용서하지 않겠다고 선언했다.

이런 상황이 벌어지는 동안 나는 아무 말도 하지 않고 그 자리에 앉아 아들을 위해 기도했다. 상황이 얼마나 격했던지 딸아이가 울음을 터뜨렸다. 마음이 아팠지만 하나님이 내가 잠잠히 있기를 원하신다는 감동이 있어서 그대로 가만히 있었다.

그날 밤 톰이 우리 집을 나간 후 딸과 함께 가장 고통스럽고 번민에 찬 기도를 했다. 내가 크리스천이 된 이후 계속 우리 아들을 위해 기도해왔다. 주님께 가까이 다가가는 모습을 볼 때마다 뛸 듯이 기뻤지만 이내 아들은 다시 뒷걸음질 쳤다.

어쩌면 매번 기도의 짐을 다시 들고 와서는 내 힘으로 풀어보려고 했으니, 한 번도 하나님께 온전히 내 아들을 내어드린 적이 없었는지도 모르겠다.

그날 밤 처음으로 온전히 내 아들을 하나님께 내어드렸다. 감당할 수 없는 고통과 번민 속에 하나님께 고백했다.

"하나님, 대가가 얼마나 크든 기꺼이 그 대가를 치르겠습니다. 제 아들을 당당한 남자로 만들어주세요. 주님, 이 상황에서 무엇을 어떻게 해야 할지 제게 보여주세요. 그것이 무엇이든 제가 하겠습니다."

나는 간구하고 간청하고 울부짖었다. 그리고 결국에는 기진맥진하고 말았다. 하지만 온몸의 진이 다 빠진 그 상태에서 하나님의 평안이 찾아왔다. 마침내 내가 내 아들을 붙들고 있던 손을 놓고 하나님께 내어드렸음을 깨달았기 때문이다.

강연 요청을 받아 전국을 다니면서 적어도 하루에 한 번은 집에 전화를 걸어 회사에서 발생한 문제를 해결하고 소소한 일까지 챙겼다.

모자간의 격렬한 싸움이 있던 그 시기에 세 차례 긴 강연 여정이 연달아 잡혀 있었다. 첫 번째 일정을 나서기 전 내 안에 두려움이 생길 수도 있었지만, 내 아들을 하나님께 내어드렸음을 아는 데서 오는 안정감과 평안함 덕분에 편한 마음으로 여행을 떠났다. 그리고 하나님이 어떤 일을 행하셨는지 보라!

나를 초청한 교회의 목사님은 저명한 기독교 심리학자였다. 처음 초청을 받았을 때는 그 사실을 몰랐다. 하지만 하나님은 알고 계셨다.

토요일 저녁 만찬을 위해 교회에 갔다가 그날 밤 목사님 댁으로 갔는데 목사님이 기독교 부부 상담에 대해 말씀하셨다. 나는 그 말을 놓치지 않고 아들 부부에 대한 이야기를 간단히 드렸다.

주님께 이 상황에 대한 답을 구하며 일주일 넘게 기도하고 있었는데 하나님이 내 문제를 듣고 도움을 줄 사람으로 이 목사님을 예비해두고 계셨다.

새벽 3시까지 목사님과 이야기를 나눴다. 목사님은 일반인이 이해할 수 있는 표현을 사용해 우리 가정에 왜 그런 문제가 일어났는지에 대해 설명하셨다. 목사님이 이렇게 말씀하실 때 결론이 명확해졌다.

"프랜시스, 당신은 군림하는 어머니 형은 아닙니다. 하지만 지나치게 강한 어머니죠. 그게 문제입니다!"

명치를 걷어차인 느낌이었다. 내 아들의 문제가 무엇인지 알아내려고 했는데 대신 아들은 그저 남자가 되고 싶었을 뿐인데 지나치게 강한 어머니 때문에 그렇게 되지 못하고 있다는 사실을 깨달았다. 그래서 톰은 나를 사랑하는데도 불구하고 반항하고 내가 용인하지 않을 만한 행동을 하며 내게 맞서 싸울 수밖에 없었던 것이다.

나는 하나님께 답을 주시든가 문제를 보여주시기를 기도했다. 그리고 내 기도대로 하나님은 내게 문제를 보여주셨다. 다만 그 문제가 내 예상과는 사뭇 달랐다. 나는 그 목사님께 그 상황에서 내가 어떻게 해야 할지 물었다. 목사님은 이렇게 답했다. "하나님께 기도하고 무엇이라고 말씀하시는지 들어봅시다."

그날 밤 잠자리에 들기 전 하나님께 목사님을 통해 내 문제에 대한 답을 알려달라고 구했다.

하나님은 내 기도에 응답하셨다! 다음 날 아침식사를 위해 일찍 일어났다. 식탁에 앉았을 때 목사님이 내게 하신 말씀이 내 영혼을 거세게 파고들었다.

"프랜시스, 하나님이 지난 밤 제게 당신이 어떻게 해야 할지를 말씀하셨습니다."

우리는 식탁에 둘러앉은 채로 함께 기도했다. "바로 당신이 톰의 문제입니다. 톰은 당당한 한 남자로 서고 싶어 하지만 당신이 회사를 나오고 어떤 조건도 달지 않고 그 회사를 톰에게 물려주기 전까지는 그렇게 할 수 없습니다."

"하지만 제 모든 소유가 그 회사에 묶여 있는 걸요. 집을 팔고 남은 돈도 모두 회사에 쏟아 부었어요. 지금까지 제가 정말 힘들게 일한 시간은요. 회사를 빼면 제게는 아무 것도 없어요!" (얼마 전 사무실을 확장했고 집을 판 돈을 전부 회사에 집어넣은 상태였다.)

"프랜시스, 정말 하나님을 신뢰하시나요? 하나님이 모든 필요를 채우신다고 믿으시나요? 아무 것도 두려워할 필요 없다고 믿는 믿음이 당신에게 있나요?"

나는 내가 하나님을 신뢰하며 하나님이 내 모든 필요를 채우신다고 온 힘을 다해 믿으며 아무 것도 두려워할 필요가 없음을 믿는다고 고백했다. 그러자 울음이 터졌다. 아들과의 문제로 내가 느꼈던 모든 감정이 쏟아져 나왔다. 아침예배가 시작될 시각이 다되도록 울음이 그치지 않았다. 목사님이 내게 말했다.

"집으로 가서 톰에게 하나님이 당신을 부르신 일을 하고 싶다고 말씀하세요. 회사를 톰에게 맡기겠다고 말씀하세요. 회사가 망하면 망하는 겁니다. 하나님이 당신을 특별한 목적으로 부르지 않으셨습니까."

그 순간 결코 쉽지 않았지만 마음을 굳게 먹고 내가 힘들게 성취한 모든 것에 등을 돌렸다. 그리고 마침내 고백했다.

"주님을 찬양합니다."

내 문제를 온전히 내려놓았을 때 하나님이 답을 주셨다. 우리는 그날 아침 내가 내 모든 소유를 포기하는 결단을 내리니 이제 하나님이 내 필요를 채워주시기를 구하며 기도했다.
그때 내 나이 쉰다섯, 내 전 재산은 자동차 한 대밖에 남지 않았다.

예배가 시작되기 직전 목사님이 내게 하나님이 모든 필요를 공급하신다고 정말 믿느냐고 물으셨다. 그렇다고 대답하자 목사님이 말씀하셨다.

"오늘 아침 당신의 믿음을 시험해볼 겁니다. 성도들에게 당신을 위해 300달러의 사랑의 예물을 드리자고 얘기할 겁니다."

사랑의 예물로 당시 300달러는 어마어마한 금액이었다. 하지만 나는 다시금 마음을 굳게 먹고 공급하시는 하나님을 믿느냐는 목사님의 물음에 그렇다고 답했다.

참으로 아름다운 예배였다. 감정적으로 한계점에 다다른 상태였기 때문일 수도 있지만 우리는 온전히 하나님께 순복했다. 예배가 끝나고 헌금 위원들이 앞으로 나와 사랑의 예물로 총 300달러 5센트의 헌금이 계수됐다고 보고했다. 하나님이 아주 정확하고 세심한 방식으로 믿음을 높이시고 하나님 자신을 입증하셨다.

말라기의 말씀이 떠올랐다. "그것으로 나를 시험하여 내가 하늘 문을 열고 너희에게 복을 쌓을 곳이 없도록 붓지 아니하나 보라"

우리는 하나님을 시험했다. 아니, 하나님이 우리를 시험하셨던 것일까?

집으로 돌아가 아들에게 했던 첫 마디는 이랬다.

"이제는 사업이 지긋지긋하구나. 네가 할래? 하겠다면 너한테 넘겨줄게. 나는 이제 회사를 운영하기에는 너무 나이가 들었어. 이제는 하나님이 나를 부르신 일을 하고 싶어."

그 이후로 정시 출근을 해본 적이 없다. 사무실에 자주 나가지도 않는다. 톰이 내 자리를 채우기 위해 모든 채용 절차를 마친 그날 사실 심장이 살짝 내려앉는 듯 했지만 하나님이 말씀하신 대로 듣고 행했음을 다시금 확신했다.

주님은 리더가 더 이상 리더의 자리에 서지 못하는 것이 얼마나 힘든지 잘 아셨다. 그래서 나를 바로 다른 여정에 오르게 하셨다. 문제를 해결하기 위해 매일 사무실에 전화를 거는 대신 전화를 아예 안하려고 노력했다.

전화를 하고 싶어질 때마다 하나님은 내게 그분의 응답을 잊지 말고 다시 문제를 내 손에 쥐려 하지 말라고 일깨워 주셨다.

결국 열흘 후 톰이 전화를 걸어 문제가 생겼다며 조언을 구했다. 어떻게 해야 하는지 그 자리에서 대답을 해줄 수도 있었지만 하나님의 영이 내 옆구리를 살짝 찌르셨다. 답을 알려주는 대신 나는 이렇게 말했다.

　　"얘, 나도 어떻게 해야 할지 잘 모르겠구나. 나는 여기 있고 회사는 네가 맡고 있잖니. 네가 해결해야지."

　　더 이상 사무실에 대한 염려에 얽매일 필요 없이 정말 환상적인 시간을 보냈다. 하나님이 내가 그때까지 해왔던 것보다, 내가 할 수 있는 것보다 훨씬 더 상황을 잘 해결하고 계심을 확실히 알았다. 일정을 마치고 며칠 간 사무실에 나갔다. 하던 일을 마무리하고 정리하기 위해서였다. 하나님이 나보다 얼마나 더 똑똑한 분이신지 확실하게 깨닫고는 며칠 후 곧이어 다른 여정에 올랐다.

　　그런데 정말 재미있는 상황이 벌어졌다. 갑자기 "빈둥거리던" 아들이 엄마가 그랬듯이 고객들을 만족시키기 위해 새벽까지 일을 하기 시작했다. 무책임했던 청년이 믿음직한 청년으로 변했다.

이 재미있는 퍼즐이 맞춰지는 모습을 보면서 하나님이 동시에 얼마나 많은 기도에 응답하셨는지 경탄을 금치 못했다. 하지만 "내가 내 방식대로 하도록 하렴"이라는 하나님의 말씀에 내가 귀 기울이지 않았기 때문에 퍼즐이 다 맞춰지기까지 얼마나 많은 시간을 허비했는가.

앞서 하나님이 내가 회사를 팔기를 원하신다고 생각했다고 언급했다. 내 삶을 향한 하나님의 부르심이 참으로 컸기 때문이었다. 하나님은 내가 모든 에너지를 하나님의 일에 쏟기를 바라신다는 사실을 알았지만 하나님이 무슨 말씀을 하시는 지는 제대로 듣지 못했다. 하나님은 내가 그분께 온전히 의지하기를 바라셨다. 하나님은 내가 회사를 매각하기를 원치 않으셨기 때문에 내가 내놓은 양털에 반응을 보여주지 않으셨다.

하나님이 집을 팔게 하신 데는 특별한 이유가 있음을 알았다고도 앞서 언급했다. 당시에는 그 이유를 몰랐지만 지금은 안다. 무엇보다 내가 세상의 소유에 얽매이지 않도록 하기 위해서다. 두 번째로는 사업을 확장하는 데 그 돈을 넣어 온전히 하나님께 의지하게 하시기 위해서다.

1년 전, 과로 때문에 왼쪽 다리에 불이 붙은 듯 열이 나고 통증이 가시지 않았다. 너무나 고통스러워 심지어 다리를 절단해야 한다고 해도 기꺼이 그러라고 할 정도였다. 결국 추수감사절 전날 주치의가 입원 일정을 잡았다. 추수감사절에 청소년 수련회에서 강연을 하기로 돼있었기 때문에 의사에게 전화를 걸어 입원할 수 없다고 말했다.

추수감사절 전날 예배가 끝난 후, 우리 교회 목사님 세 분이 집으로 심방을 오셨다. 내 침대 발치에 서서 머리에 손을 얹는 대신, 내 엄지발가락을 잡고 하나님께 병원이 아니라 내가 마땅히 가야 할 청소년 수련회에 보내달라고 기도했다.

다음 날 아침 6시에 주치의(내 영적인 아들이기도 한)에게서 전화가 왔다. 다리가 어떤지 확인하는 전화였다. 열이 내리고 통증도 사라졌다! 그러자 내 주치의가 내게 지난 밤 자정 무렵 침대에서 일어나 하나님께 내 다리를 어떻게 해야 할지 지혜를 구했다고 털어놓았다. 하나님께 내가 입원할 필요가 없게 해달라고 기도했던 것이다.

열도 나지 않고 통증도 없다고 했더니 (지금까지도 열과 통증이 전혀 없다) 그럼 병원에 가지 않아도 된다고 했다. 대신 상태를 계속 확인하도록 했다. 정오쯤 다시 전화를 걸어 상태를 보겠다고 했다.

그날 오전 내내 하나님께 청소년 수련회에 가게 해달라고 구했다. 정오에는 상태가 훨씬 더 좋아졌다. 주치의에게 전화가 왔기에 아주 담대하게 청소년 수련회에 가도 되겠느냐고 물었다. 주치의는 내게 불같이 화를 내더니 결국은 이렇게 말했다.

"좋습니다. 청소년 수련회에서 화장실이 딸린 1인실이 나오면 가세요!"

사실 불가능한 얘기다. 청소년 수련회에서는 보통 서른 명을 한 방에 집어넣는다! 우리 딸은 혹시나 내가 못갈 수도 있다며 그날 아침 일찍 미리 출발을 했는데 오후 세 시쯤 집으로 전화가 왔다.

"엄마, 회비를 얼마나 내셨는지 모르지만 엄마한테 1인실이 배정됐어요."

하나님이 내가 어디에 있기를 원하시는지 다시 한 번 확인하고 나는 "주님, 감사합니다."라고 고백했다. 일어나 옷을 입고 청소년 수련회 장소로 향했다.

많은 이들이 하나님의 능력을 믿지 않고, 성경의 말씀을 믿지 않고, 그리스도가 2천 년 전 치유하셨듯이 하나님은 오늘도 치유하신다는 사실을 믿지 않는다. 나는 하나님이 지금도 동일하게 치유하시는 분이심을 안다. 가족을 안심시키기 위해 심혈관 전문의를 찾아가 원인 규명 차원에서 온갖 검사를 받았다. 전문의가 나와 내 주치의에게 검사 결과를 보냈다. "원인 - 미상. 처방 - 없음."

왜 기도로 다리가 치유되지 않는지 이해할 수 없었지만, 하나님은 다리의 통증이 내 삶에 심각한 문제가 아니라는 확증을 주셨다. 그리고 지금에 와서야 확실히 그 이유를 알게됐다. 하나님은 긴긴 근무시간을 줄이고, 내게 문제를 야기할 수 있는 회사에서 나오라고 말씀하고 계셨던 것이다. 동시에 하나님이 나를 돌보신다는 확증을 주셨다.

이 책의 마지막 장을 쓰고 있는 이 시간까지 다리가 완전히 치유되지는 않았지만, 믿기 어려울 만큼 좋아졌다. 매일 아침, 잠에서 깨어 다리를 볼 때마다 나는 고백한다.

"주님을 찬양합니다. 주님을 사랑하는 자에게 모든 것이 합력하여 선을 이루게 하십니다. 주님, 제 다리의 문제로 인해 어떤 기적이 일어날지 정말 기대됩니다."

그 기적 중 하나는 하나님이 내게 내 에너지와 힘과 내 존재 자체를 잠식하는 일을 내려놓고 하나님의 방식대로 행하라고 말씀하신 것이다.

이 글을 쓰고 있는 지금도 내 친구들은 대부분 내 결정을 알지 못한다. 하지만 내가 내린 결정이 아니다. 하나님께 내 삶을 향한 하나님의 완전한 뜻을 보여 달라고 구했고 하나님이 내게 그 뜻을 보여주셨다. 때문에 결정의 문제가 아니라 하나님의 뜻에 대한 순종의 문제였을 따름이다.

지금 이 순간에도 하나님이 내 삶에 무엇을 바라시는지 정확히 알지 못한다. 하지만 내가 하나님의 영과 하나 되어 사는 한 하나님이 나를 하루하루 순간순간 인도하심을 안다. 4년 전에, 아니 1년 전만해도 누가 내게 내 모든 것을 바친 회사를 떠나게 될 것이라고 말했다면 그 말을 절대 믿지 않았을 것이다. 하지만 "거하는" 법을 배웠기 때문에 돌아보고 싶다는 생각이 들지 않는다. 하나님이 나를 위해 예비하신 짜릿한 미래를 기대하도록 내 마음을 준비해주셨다.

우리 아들 톰에 대해서 이야기하자면 하나님이 그 아이의 삶에 어떤 계획을 세워두셨는지 나는 알지 못한다. 그저 온전히 하나님의 손에 아들을 내어드리면서 내 걱정도 사라졌음을 확실히 알 따름이다. 지금 이 순간처럼 자유로웠던 적이 있었던가 싶다.

지금 이 순간처럼 기대와 흥분으로 다가올 앞날을 기다렸던 적도 없었다. 나는 하나님이 내 삶에서 무엇을 바라시는지 하나님이 아신다고 확신한다. 또한 하나님이 내 삶을 계획하시기 때문에 앞으로 펼쳐질 시간들이 내 삶에서 가장 눈부신 시간이 되리라고 확신한다.

미래가 두렵고 염려될까? 아니다! 하나님이 아무 것도 염려하지 말라고 말씀하셨다. 그 말씀을 내가 믿을까? 그렇다. 내 결정을 아는 몇몇 사람 중 이렇게 묻는 사람도 있었다. "나이 때문에 두렵거나 불안하지는 않으세요?" 아니다, 두렵지 않다. 하나님이 내 나이를 아시기 때문이다. 나는 이 친구에게 마가복음 4장 40절을 들려주었다. 거센 비바람이 몰아치자 제자들은 크게 동요했다. 하지만 예수님은 제자들에게 말씀하셨다.

"어찌하여 이렇게 무서워하느냐 너희가 어찌 믿음이 없느냐"

하나님의 거룩한 말씀을 믿기에 나는 두렵지 않다. 나는 기도에 응답하시는 하나님을 믿는다. 작은 기도에 응답하시며, 하나님은 그보다 훨씬 더 큰 많은 기도에도 함께 응답해 주셨다. 또한 이제 나는 **자유함**을 안다.

그래서 이 책을 엄마의 사랑을 모두 담아 아들 톰에게 헌정한다. 아들로 인한 가슴앓이를 통해 하나님이 내게 내 삶의 가장 큰 승리를 주셨다. 나는 아들을 놓지 못하던 뱀의 허물을 벗어던졌고, 그를 통한 온전한 내려놓음의 의미를 배웠다. 크리스천에게 기도는 하늘로 이어지는 핫라인임을 내가 확실하게 깨닫도록 하나님이 사용하시는 도구가 된 아들에게 감사의 말을 전한다.

치유의 방법

찰스 & 프랜시스 헌터 지음 / 이혜림 옮김

....

다시는 무력함을 느끼지 말라!

사랑하는 사람이 병들었는가? 친구가 사고를 당했는가? 가족이 정서적 위기에 처했는가?

손을 뻗어 사랑하는 사람을 치유하고픈 절박함을 느껴 본 적은 없는가? 때로 가슴이 저미도록 돕고 싶지만 어떻게 해야 할지 몰라서, 두려워서 우리는 뻗었던 손을 거둔다. 하지만 당신 안에 계신 성령님은 병든 자를 치유할 준비가 되셨다! 찰스 & 프랜시스 헌터 부부가 제시하는 성경적 치유의 방법은 당신과 당신의 가정, 당신 주위의 모든 이들에게 신체적 건강뿐 아니라 영적인 건강과 풍성한 삶까지 회복시켜 줄 것이다.

치유의 방법 DVD

찰스 & 프랜시스 헌터 강의 / 이혜림 번역

....

179명의 의사들에 의해 검증된 치유 사역

이 DVD를 보는 사람은 누구나 치유 사역자가 될 수 있다. 이 DVD는 미국의 찰스 & 프랜시스 헌터 부부가 인도한 치유의 방법에 대한 강의, 실제 사역, 수강 생들의 실습을 녹화하여 DVD로 제작한 것이며, 특히 헌터부부가 주관하고 있는 빛의 성 사역학교 사역의 일환으로 제작된 이 DVD는 초자연적인 사역을 배울 수 있을 뿐만 아니라, 사실로 입증되었다!

만일 당신이 예수님께서 "나를 믿는 자는 나의 하는 일을 저도 할 것이요 또한 이보다 큰 것도 하리니"라고 말씀하셨던 이 사역을 하기 원한다면, 당신은 치유 의 방법 DVD를 통해 배워야 한다!

• 15개의 비디오 테잎을 DVD 한 장에 담았다.

치유 핸드북(개정 증보판)

찰스 & 프랜시스 헌터 지음/ 전용복 · 김호배 공역

"병자에게 안수하면 그들이 회복되리라"

찰스 & 프랜시스 헌터 부부는 성경과 의학적 혁신을 통해 치유의 비결을 발견하였다. 이 책을 통해 당신은 하나님께서 당신을 사용하셔서 당신의 가족과 친구 그리고 당신이 만나는 모든 사람들에게 치유와 도움을 베푸신다는 사실을 알게 될 것이다. 이제 사람들이 아파할 때 당신은 더 이상 무력하게 그 모습을 바라보고만 있지는 않을 것이다.

하나님은 찰스 & 프랜시스의 성경에 근거한 단순한 믿음을 사용하셔서 세계 도처의 수천 명의 사람들에게 치유를 베푸셨다.

이 부부는 오늘날 가장 뛰어난 치유 사역자들이다. 그들은 성경 말씀의 연구를 통해 병든 자들을 치유할 수 있는 다양한 방법들을 배웠다.

- 질병별 치유방법(표)수록
- 기존 12강에서 최종 20강으로 업그레이드

치유의 능력

조안 헌터 지음 / 주상지 옮김

....

병든 자들을 치유하라!
조안헌터는 치유와 온전케 되는 것에 관한 힘 있는 진리들을 계시한다.
이 역동성 넘치는 책을 통하여 당신은,

- 억압으로부터의 완전한 자유를 얻으며,
- 과거의 실수를 극복하며,
- 참된 용서에 대한 열쇠를 발견하며,
- 치유의 방해물을 알게 되며,
- 종속(의존)의 주기를 끝내며,
- 세대 간의 저주를 끊어 버리는 법을 배우며,
- 마귀의 권세를 무찌를 수 있다.

하나님께서는 당신에게 필요한 기적을 베푸셨다. 오늘 믿고 받아 들여라!

전인 치유 핸드북

조안 헌터 지음 / 김광석 옮김

....

　당신도 하나님께서 주신 건강과 치유 가운데 살 수 있다. 치유와 회복에 대해 말씀하신 하나님 말씀의 비밀이 이 책 안에 쉽게 그리고 자세히 설명되어 있다. 이 책에는 강력한 치유 기도들이 들어 있다. 이 기도들은 간질(ㄱ)에서 시작해서 흉터종(ㅎ)에 이르기까지, 그리고 그 사이에 존재하는 모든 질병을 다룬다. 참으로 치유의 은사의 기름부음을 받은 조안 헌터는 30년 이상 병자들과 마음이 상한 자들을 위해 기도했으며, 그들이 치유되어 해방되는 모습을 목도하였다.

　이 책을 통해 당신은

질병의 원인을 이해하고
증세와 치유를 위해 취해야 할 바른 과정을 깨달으며
치유 기도를 효과적으로 하고
당신의 인생을 향한 하나님의 부르심을 발견하게 될 것이다.
당신도 치유를 통해 자유를 누리며, 영과 혼과 몸이 온전해질 수 있다.

마음의 치유를 넘어

조안 헌터 지음 / 주상지 옮김

....

배신의 쓰라림을 이겨내는 길

현 시대에 조안 헌터가 저술한 이 괄목할 만한 책은 여성들에게 하나님의 영감 어린 로드맵을 제공한다. 역경과 힘든 상황 속에서도 하나님의 뜻을 행하려는 뚜렷한 목적과 헌신의 태도가 첫 페이지서부터 마지막 문단에 이르기까지 힘차고 명쾌하게 울려 퍼지고 있다. 인종적 배경, 교파 및 사회적 지위를 막론하고 여성이라면 누구나 읽어야 할 필독서이다! 성령을 통하여 조안은 독자 한 분 한 분을 축복하고 싶은 심정으로 강력하며, 삶의 변화를 일으키는 책을 우리에게 제공했다.